刘未鸣 段敏 主编

闪光的灵魂

中国文史出版社

图书在版编目（CIP）数据

闪光的灵魂／刘未鸣，段敏主编．--北京：中国文史出版社，2020.11

（纵横精华．第七辑）

ISBN 978－7－5205－2583－1

Ⅰ.①闪… Ⅱ.①刘… ②段… Ⅲ.①人物－生平事迹－中国－近现代 Ⅳ.①K820.5

中国版本图书馆 CIP 数据核字（2020）第 229383 号

责任编辑：胡福星

出版发行：**中国文史出版社**

社　　址：北京市海淀区西八里庄路 69 号　　邮编：100142

电　　话：010－81136606 81136602 81136603 81136605（发行部）

传　　真：010－81136655

印　　装：北京新华印刷有限公司

经　　销：全国新华书店

开　　本：787×1092　1/16

印　　张：9.5

字　　数：118 千字

版　　次：2021 年 2 月北京第 1 版

印　　次：2021 年 2 月第 1 次印刷

定　　价：38.00 元

纵横精华

出版说明

《纵横》杂志是全国第一份集中发表回忆文章的期刊，自1983年创刊以来，以“亲历、亲见、亲闻”为视角，如实记录和反映中国近现代史上的重大事件、人物故事及各地独特的历史文化与地方政协文史资料工作情况，以跨越时空的广阔视野，纵览百年历史风云，横观人生社会百态。曾荣膺中国出版政府奖期刊奖提名奖，在读者中具有广泛影响。

本套“纵横精华”系列丛书，是按主题将历年《纵横》杂志刊发的读者反响较好的文章结集。自2018年开始，已陆续出版了历史、文化、文学、艺术、情感、人文等二十余种主题图书。所收文章个别文字有所修订，其他均保持原貌。

因收录文章原发表时间较久远，未能联系到的作者，请与中国文史出版社联系，以便支付稿酬。

编　者

2020年12月

目 录

我所了解的曹聚仁

郑子瑜

曹聚仁先生是现代著名作家、记者和学者。抗日战争爆发的前数年，他只有30余岁，已经是上海的名作家、名教授了。那时候郑振铎出任上海暨南大学文学院长，罗致了不少的名作家、名学者在那儿当教授，曹聚仁先生便是其中的一位。我只有20岁出头，便很喜欢拜读曹聚仁先生的杂感文，觉得篇篇都隽永有味。

20世纪40年代初，四川省教育所长郭君有守，创设教育科学馆，编印《国文教学丛刊》，以指导中学国文教师的教学，尝聘请叶圣陶、朱自清二氏合编《国文精读指导》《国文略读指导》二书。二氏乃当代既有国文教学经验又富有教学研究的专家，其所编著的上述二书，对于改进全国中学的国文教学所作的贡献之大，自然不在话下。到了50年代，这两本最切实用的指导书停版已久，购置匪易。50年代中，香港语文教学研究会诸君，约请曹聚仁先生谈语文教学问题，曹先生找到了这两本书，为万千青年学子着想，将《国文略读指导》重订再版；我也为了同样的动机，将《国文精读指导》改订再版。

我的改订本于叶、朱二氏原编，只保留欧阳修的《泷岗阡表》、徐志摩的《我所知道的康桥》、柳宗元的《封建论》，其余胡适的《谈新诗》、蒋介石的《第二期抗战开端告全国国民书》都是当时国文课本所不易见的，实不足与国文课中的教学指导相配合，只得删去。至于鲁迅的《药》一篇，则改选鲁迅的散文诗《秋夜》，“指导大概”是由我来写的。理由和上述一样：《药》在当时国文课本中也不易见，而《秋夜》一文，则几乎每种国文课本都可见到，是一篇最流行而又最不容易理解的课文。

我和曹聚仁先生，不约而同，不谋而合，一个为重订《国文略读指导》，另一个为改订《国文精读指导》，可是我们到了这个时候还不曾谋面，因为曹先生在香港，我则在新加坡。

此后我和曹先生虽曾有通信，但只是稀稀疏疏的。当时香港有一位大编辑家，他的散文写得很好，学问渊博，著作甚丰，但主要是为大公书局主编了一套《新标准高初中国文课本》，一改以往中学华文课本的守旧作风，又请得香港大学中文系马鉴教授为顾问，颇受用家的欢迎。他也编写过《中国文学史》，风行一时。这位大编辑家不是别人，而是那位曾经为抗战文艺的写作态度问题，和另一位文坛名家引起笔战、轰动一时的冯明之（即冯式）。许是他看过我改订的《国文精读指导》（1955 年世界书局出版），先写信和我讨论中学华文课本和编辑问题，后来我们便成为知交。我曾到香港来看他，也曾请他带我去拜见仰慕已久的曹聚仁先生，但不知为了什么，却相左了。

大约是 1962 年春天，我应邀到日本的早稻田大学、中央大学、大东文化大学等校及东京汉学会讲学，讲的是关于黄遵宪和周氏兄弟的诗。在这之前，我曾为商务印书馆编著一本《入境庐丛考》，于 1959 年出版，又曾为南洋学会主编《南洋学报·黄遵宪研究专号》，于 1961 年出版，颇引起了日本“黄学”学者实藤惠秀、铃木由次郎和增田涉的注意。实藤是周作人的朋友，增田是鲁迅的朋友，也都是曹聚仁先生所熟悉的人。回来途经香港，小住数日，意外地得到我景仰已数十年的几位文坛前辈名家的邀宴，曹聚仁之外，还有创造社最年轻的作家叶灵凤（郁达夫当年写信给他，称他为“小子”，说是“畏后生也”）、李辉英（东北作家，鲁迅对他的作品有很高的评价），以及大公、文汇二报的主编或编者，罗孚（当时是《新晚报》主编）和冯明之（香港编译社主任）算是比较年轻的两位。那年我只有46岁，曹聚仁先生已经62岁，他们都是我的前辈，但是对晚辈如区区者的关怀与爱护之情，真是使人感浃肺腑！因为已不记得哪些话是叶说的，哪些话是曹说的，哪些话是李说的，以下一律用“他们”来代替这三位长者。

他们都看过我于1960年由世界书局出版的以杂文为主的《郑子瑜选集》，又都知道我当时所居住的新加坡对大陆63家出版社出版的图书一概禁止入口，其中偶然提到郭沫若，却改称为郭鼎堂，是有其苦心的。

他们又都惊异于我在那找参考资料不易的时地还能写出像《〈秋夜〉精读浅释》那样的小文。有一位先生甚至带来了我那本不成样的选集，要我签名于书上。我知道他们的目的，是在于对我的鼓励。

我曾经不止一次说过：华夏民族虽曾经不止一次受到异族的入侵，近世且长期受到帝国主义者在文化上、经济上和军事上的侵略，但仍能屹立于世，不为所动者，一是华夏有五千年的文化，二是前辈有提携后学的美德。假如前辈不肯提携后学，而且尽机加以摧残，则华夏的历史将是另一面貌了。

曹聚仁先生为人诚挚，待人勤恳，交友不分辈分，所以凡是和他有交往的人，都很喜欢他。周氏兄弟失和，但鲁迅、周作人都是他的朋友。鲁迅书信集中记载：鲁迅致曹聚仁共有43封书信。收入《鲁迅全集·书信》的有25封半，其中一封是残简。曹聚仁先生由于尊敬鲁迅而研究鲁迅，曾著述《鲁迅评传》一书，反应良好。曹先生和周作人更是深交，晚年劝周作人写回忆录，经过了数年的经营，《知堂回想录》写成了，但出版的事，却颇费周章，幸得曹聚仁先生为之奔走接洽，终得以在新加坡《南洋商报》连载，然后交给香港三育图书公司出版。凡是"校对抄稿，还有印稿校样"，都得由曹聚仁先生代劳。这里可见曹聚仁先生为人的勤恳，套用一句现成句，是："为人谋而不忠乎？"

1964—1965年，我应聘到东京任早稻田大学研究所客座教授，曾因周作人的介绍，去见日本小说家武者小路实笃。鲁迅和周作人都曾翻译过他的小说。在谈话中，才知道曹聚仁先生也是他的朋友。我在早稻田的一年间，除与实藤惠秀共同编校晚清最杰出新派诗人黄遵宪与日本友人笔谈的遗稿外，自己也编写了一册《周作人年谱简编》。有一位研究中国现代文学的日本学者，对拙著很有兴趣，愿意译成日文，在日本出版。我很高兴，曾写信告诉曹聚仁先生，曹先生更加高兴，还勉励我敦促这位日本朋友早日译成。但由于周作人的幼年时代以及抗日战争中的那几年，我只知道他不能坚持气节，被日本侵略者利用，做过华北的什么官，详细的情形则不大清楚，我请周作人自写这两段的"年谱大要"寄下。周作人很合作，不久便寄下了，还附下一份"解放后著译书目"。

资料齐备，《周作人年谱简编》也已补写完成，但热诚答应日译的日本朋友却病倒了，又不肯让我找个研究生相助，更不肯让我另找他人翻译，只是拿着稿子不放。病愈之后，说是要多休养一个时期，迟迟不肯动笔。

自从1962年在香港和曹聚仁先生一别之后，彼此都忙于自己的事，不多通信，但这回为了《周作人年谱简编》的日译，却劳曹先生频频来信催问，这时候曹先生已在病中，提到自己的病情，只是寥寥数语，但关怀《周作人年谱简编》的日译，却占了书信的绝大部分篇幅，为人多于为己，而不营私，这是曹聚仁先生的人格高尚之处，所以他晚年患病，经济情况也不很好。这是我们晚学所万万比不上的。职是之故，《周作人年谱简编》的日译一事，虽然遇到了变卦，为了怕惹起他在病中增加刺激，损伤身体，我每次回信，只是以“关于《周作人年谱简编》的日译，当尽可能争取其早日译成，以慰先生的期望”来安慰他。

现在我拣出曹聚仁先生于 1970 年寄给我的两封信和两篇手稿，都是影印本，原稿不知哪里去了。至于 20 世纪 60 年代寄给我的信件，则一件也找不到。1970 年 5 月初版的《知堂回想录》书后曹聚仁先生所写的《校读小记》，那里面说：“老人总希望我来做一篇跋尾文字，我已经在子瑜兄的周作人年谱后面写了《知堂老人的晚年》，这儿也就不再写后记了。”曹先生所写关于知堂老人的晚年，计有二篇，其一是《蒋梦麟的两段话》，其二是《兄弟》。

其一，曹聚仁先生是想借蒋梦麟（原北大校长）的话以证明周作人留在北京，是为了保全北大图书文物，并以此为周作人附日作辩解的。我以为当年周作人在北京的处境，史家自有定评，即使是周作人手书给我的《知堂年谱大要》（仅写幼时及抗日战争的那几年）也承认：“三十年辛巳一月，任伪华北政务会教育督办，四月往东京，出席东亚文化协议会文学部会，旋即回京。”“三十三年一月辞督办职。”所以我们也大可不必为他辩护了。虽然他的留京和出任伪职都有他的衷情，但总不能因此以为出任伪职可以无过。

其二是《兄弟》。周氏兄弟失和，家庭因素之外，还有思想上的分歧。曹聚仁先生原以为此种家庭间的纠葛，外人以不涉及为妙，但却又将《兄弟》寄给我。希望能附刊于《周作人年谱简编》之末；岂料由于日本朋友食言，年谱简编的中文本也延宕未有付梓，真是有负于曹聚仁先生的重托。我想到许寿裳在《亡友鲁迅印象记》中所写关于周氏兄弟的友爱之情，例如鲁迅以弟弟（作人）早婚，宁愿自己提前回国，任教于浙江两级师范学堂，俾得寄款给弟弟和羽太信子在日的费用；还有，我也读过鲁迅、周作人留日之前所写的《别诸弟》唱和诗，鲁迅原作的一首记得是："回家未久又离家，日暮愁人恨转加，夹道万株杨柳树，如今都化断肠花。"另一首只记得它的后面两句："我有一言应记取，文章得失不由天。"鲁迅勉励周作人须勤苦学习，文章才能写得好，不要去相信苏东坡"文章本天成，妙手自得之"的话。手足情深，于此可见，也实在令人感动！

张岱年：自强不息、厚德载物的哲学家

陈　来*

今年是著名哲学家张岱年先生的“米寿”之年。汉字的“米”可拆解为八十八，所以 88 岁称为米寿。人生至米寿，已经是古今“稀”有了，更稀有而难得的是，一位八旬老者仍不倦地工作；不仅不倦地工作，而且还“高产”“丰收”！试看这两个数字：1980—1990 年，张先生 70～80 岁，所发表的文章多达 100 多篇。而从 1990 年到现在，张先生 80 岁以后的数年之间，发表出来的文章已经超过了 110 篇！请注意，这还没有把这一期间他所出版的多种著作计算在内。这样高龄的学者还写出这么许多文章，据我所知，在当今的中国学术界，是绝无仅有的。顺便说一句，这些文章并非是花鸟鱼虫之类的闲适小段，而都是“老师宿儒”关于哲学与文化的深思！

张岱年先生，字季同，一字宇同，原籍河北省献县，1909 年 5 月出生在一个旧式书香之家，父亲是清末进士，曾任翰林院编修。长兄张申

* 陈来，北京大学教授。

府是参加过中国共产党建党工作的著名学者。张先生幼年时随母乡居，后到北京入小学、中学。1928 年毕业于北京师大附中，同年考进清华大学，因不习惯于清华当时的军训，旋即转入北平师范大学。在大学期间便发表了一系列的哲学论文，由于这些论文得到好评，1933 年毕业即受聘任教于清华大学哲学系，讲哲学概论。抗战时期与清华失去联系，滞留北平，不与敌伪合作。1943 年受聘为私立中国大学讲师、副教授，讲哲学概论和中国哲学概论。1946 年清华复校，回清华任副教授，讲哲学概论和中国哲学史，1951 年任教授。1952 年院系调整，调任北京大学哲学系教授。1985 年起任清华大学思想文化研究所所长。1979 年全国中国哲学史学会成立，连续三届被推选为会长，1989 年后任名誉会长。张先生的个人著述近 20 部（主编者不计在内），其代表作为《中国哲学大纲》《中国哲学发微》《真与善的探索》《中国伦理思想研究》《中国古典哲学概念范畴要论》等。他的著作和论文从 1988 年开始编入《张岱年文集》出版，现已出版至第六卷。

张先生的学术活动主要为三个方面：哲学理论研究、中国哲学史研究和文化问题研究。在不同时期，其学术活动的重点有所不同，如 20 世纪三四十年代以研究哲学理论为主，20 世纪 50 年代至 80 年代中期以研究中国哲学史为主，20 世纪 80 年代后期至今以文化问题研究为主。在哲学方面，张先生青年时受其长兄张申府的影响，对英国哲学家罗素、穆尔等提倡的逻辑分析方法深感兴趣。20 世纪 20 年代后期开始接受辩证唯物论哲学，与申府先生共同倡导新唯物论。这种新唯物论哲学强调四个特征：唯物、辩证、分析、理想，即把辩证唯物论与西方现代哲学的逻辑分析方法、中国古代哲学的人生理想结合起来。这些观点在张先生 20 世纪 40 年代的《哲学思维论》《知实论》《事理论》《品德论》《天人简论》中得到体现并组成了一个体系，这五篇我称为“天人五论”。张先生的这些哲学思考收入在《真与善的探索》一书，这些思想的核心是坚持唯物主义关于客观世界实在性的立场，而加以逻辑的论证；继承中国哲学把自然主义和理想主义结合的传统，而加以发展。

在中国哲学研究方面，张先生与冯友兰先生一样，是20世纪在这一领域作出了重大贡献的学者。1936年写成的《中国哲学大纲》是中国古代哲学固有体系、问题、范畴研究的开创之作，在体例和内容上都有重要特色。冯友兰先生在20世纪30年代初出版的两卷本《中国哲学史》是以人物为纲，按年代为序的通史型写法；而《大纲》不是以人物，而是以问题为纲的系统型写法。它整理出中国哲学的主要问题，分别叙述其源流发展，给希望了解中国哲学某一方面问题的人以极大的方便。这部著作在现代学术界具有十分重要的地位和影响，其中对中国古典哲学的系统、条理、概念、范畴的分析和解释，体现了张先生对中国哲学的深刻理解与把握。同时，以《大纲》为开始，在以后的几十年中，注重阐发中国固有的唯物主义传统和辩证思想传统成为他的中国哲学研究的显著特点。而这种哲学史观和研究方法无疑反映了他的哲学思想。过去的研究者都认为宋明哲学分为理学和心学两大派，即程朱的理本论和陆王的心本论。张先生则提出应分为三派，即理本论、心本论和张载到王船山的气本论，他自己非常重视对气本论的研究，认为气本论是唯物论的中国形态，是中国古典哲学的优秀传统。20世纪80年代张先生开创了关于中国哲学的价值观和人格价值理论的研究，大大开拓了中国哲学与中国文化研究的新领域。在治学的方法上，他最推崇司马迁所说的“好学深思，心知其意”，要求对古人的思想细心体会，倡导严谨求实的学风。

在文化问题上，早在20世纪30年代中期围绕中国本位文化建设的文化论战中，张先生便提倡“创造的综合”，既反对全盘西化论，又反对国粹主义，主张发挥中国固有的文化遗产，同时吸收西方有价值的优秀文化；强调中国既应保持它的文化特色，又要与世界文化相适应。这种文化观在20世纪80年代以来的文化讨论中被张先生明确发展为以马克思主义指导的“综合创新论”，在当代思想文化领域占有重要的地位。这种文化观以辩证方法为基础，正确处理文化的整体性和可分性，主张每一文化整体中都有一些成分可以从原体系中离析出来而被吸收、继承、组合到新的体系中去，清理了那种认为要舍弃就全部舍弃、要吸收就全盘吸收的形而上学方法论。20世纪80年代以来，张先生还特别提出发扬“民族精神”的观点，认为每一民族的文化中都寓有其在历史上起主导作用的精神，中华民族的民族精神的主要内容就是《周易大传》所说的“自强不息”与“厚德载物”，自强不息是积极进取的精神，厚德载物是宽容博大的精神，这种“中华精神”是中华民族几千年得以发展延续和20世纪虽衰复振的基础。张先生的这一观点在20世纪80年代以来产生了巨大的影响。

张先生从20世纪30年代起，为了寻求真理而接受辩证唯物主义世界观，这本应当使他在50年代以后大有用武之地，事实上，他在中华人民共和国成立后几年中写出了一些重要论文，已引起国内外的广泛注意。然而，1957年在上级的动员下张先生善意向系总支的工作提出一些意见，结果被打成右派，在正当思想成熟、精力充沛之时，被剥夺了教学与写作的权利。而已经排印好的《中国哲学大纲》也只能署名“宇同”出版。不过，《中国哲学大纲》的高水平研究，使得它以“中国哲学问题史”为题在海外被翻印、翻译；也造成了此后一些年里海外学者的一大疑问：“这位水平甚高、功力甚深的宇同先生究竟是谁?”等到他重新开始研究工作时已经年近七十，无怪乎他常自感叹：“时光虚度了20年!”也正由于此，他在晚年不倦地工作，以争取时间。

张先生一向谦和待人，有求必应，他既是诲人不倦的导师，又是忠厚宽和的长者。“自强不息”“厚德载物”正是他自己从事学术工作和待人处事的写照。

在20世纪的中国哲学研究中，冯友兰先生与张岱年先生是两位水平最高、贡献最大的代表，所以在学术界人们总是把这两位先生相提并论。20世纪30年代冯先生写了《中国哲学史》，张先生写了《中国哲学大纲》，一纵一横，构成了现代中国哲学史研究的经典双璧；20世纪40年代冯先生写了“贞元六书”，构造了新实在论的体系，张先生写了“天人五论”，提出了新唯物论的体系，但都倡导逻辑分析的方法；20世纪50年代以后两位先生致力于中国哲学史的教学和研究，冯先生多研究孔子、老庄，张先生重研究横渠、船山，两先生都形成了一整套中国哲学资料、教本、史料学、方法论的体系，共同造就了哲学史研究的北大学派和学风。冯先生的学问气象有似于宋儒程明道，张先生的学问气象近于宋儒张横渠，两位先生的关系亦是十分的密切。1988年《张岱年文集》出版，冯友兰先生为之序，把张先生的立身之道概括为“刚毅木讷”“直道而行”，对张先生给予了高度的评价。其实，张先生与冯先生一样，不仅有木讷的一面，也有幽默的一面，张先生讲课，总是会插用一些小笑话或奇闻逸事，又每常常有自嘲之语，使得课堂的气氛轻松活跃。我自己教学多年，但这一点，始终也没有学到。

张先生还善于“活用”各种成语和典故。张先生近年来常说，他的晚年思想可以概括为两句话，他说：“我现在是‘胸有成竹’，‘目无全牛’。”依张先生的解释，“胸有成竹”，是指为中华民族的振兴而建设有中国特色的社会主义；“目无全牛”是指对西方文化和中国文化都要进行分析，不要把任何一方当作不可分析的整体。由此可见，这里的

"胸"是指胸怀、境界，"目"是指眼光、方法。前一句是说追求的目标，后一句是说分析的方法。可以说，这两句话是张先生的"明志"之言。

米寿 88 岁，茶寿 108 岁。何止于"米"，更期以"茶"，这是我们对张先生的衷心祝愿。

痴气呵成珠玉声

——钱锺书

杨绛　汪荣祖 等口述

2009年12月，台湾国立中央大学举办了钱锺书百岁纪念国际学术研讨会。主持这次会议的汪荣祖教授曾力邀杨绛前往台湾参加此次活动，希望她能谈一谈杨绛心目中的钱锺书和钱锺书生命中的杨绛。未能莅临现场的杨绛事后对身边人说，如果真要谈，只能说钱锺书生命中的杨绛做的最重要的事，是保留了他身上的痴气。这份痴气不仅曾使青年的钱锺书在人才济济的清华园一跃成为人中之龙，也让他在人生的忧患岁月中始终坚守着“竭毕生精力做做学问”的志向。

被清华破格录取　面对杨绛敞开心扉

1938年，战争的阴霾飘向欧陆上空，局势日渐不安。尽管钱锺书的庚款奖学金可延长一年，但是钱、杨决定如期回国。回国前夕，钱锺书接到西南联大的聘书，而此时远在昆明的西南联大的学生们，正翘首企盼这位年轻的教授从海外归来。

李赋宁（北京大学西语系教授）：我们上四年级的时候，就听说钱先生要回国，回到西南联大来。清华大学当时聘他是正教授，不是副教授，这个是很破例的。因为大家都知道他的学问非常好。他 1938 年秋天开始教我们，一上来就在黑板上写了许多原文，如意大利文、古法语、拉丁文，这些让我们大开眼界。

早在钱锺书未入清华前，他早已驰誉全校。入校考试时，他的数学考了 15 分，但国文和英文两科特优。当时的校长罗家伦约他面谈后立即定夺，如此奇才当破格录取。进入清华的钱锺书，已创下读书第一、发表文章第一、“横扫清华图书馆”等多项“纪录”。而最让同学们叹服的，是他惊人的记忆力。同学乔冠华称他具备了“照相机式的记忆”，但他本人却并不以为自己有那么“神”，他只是好读书，不仅读，还做笔记，不仅读一遍、两遍，还会读三遍、四遍，笔记上不断地添补。

李赋宁：钱先生曾经下过非常深的功夫。他拿牛津的法英字典和法国的 Larousse 字典做过详细的比较，所以他那个字典的边页上面写得密密麻麻，都写满了。我看见过他那个字典，那是非常令人敬佩的。

杨绛（钱锺书夫人）：清华 4 月 29 日是校庆日。到校庆那天，颐和园特地为清华学生开放一天。那一天所有的清华学生都到颐和园去玩，有的人骑小驴，有的坐黄包车，有的是骑车。钱锺书大概那个时候是去玩过的，不过我想他是坐黄包车的那种。

在清华免上体育课的钱锺书直到碰到杨绛才有“破例做春游”之举，而面对杨绛，从不愿多谈童年生活的钱锺书第一次敞开了心扉。

杨绛：一般我们出去散步，都是我爱说话。我就讲我小时候怎样怎样，他都不知道，听了觉得挺好玩，就说你写下来。他说，你的小时候挺幸福的，我小时候怎么想来想去都是苦事呢。我说怎么会这么苦呢？

他说哎呀，都是苦的，因为算术不会做，不会做就要先给人家做篇作文然后他给我做个算数，这是一件苦事。他还说觉得自己老是做坏事，拙手笨脚，比如砸了什么东西，做坏了什么事情，所以他说想想小时候苦极了。

1910 年，钱锺书一出世就由大伯父抱去抚养，因为伯父没有儿子，据钱家的“坟上风水”，不旺长房旺小房，长房往往没有子息，就算有也没出息。

杨绛：大伯父不会教他这样那样，大伯母到底不是亲生妈妈，而亲生妈妈也不敢再去管这个孩子了，所以他有许多事情从小就没人教，所以特别地拙。比如他不会戴手表，不会用皮带，每一次用皮带都要叫我给他扣。后来我就给他弄一个松紧的，拉上拉下就可以了。

钱钟鲁（钱锺书堂弟）：无锡有个颇有名气的地方叫崇安寺，崇安寺的下面是一个买菜和居民游乐的地方。大伯父经常带他到崇安寺去喝茶。他去喝茶的时候旁边有好多小人书店，他就在那书店里面看书。

钱锺书的父亲钱基博对这种放羊式的教育方式很不满意。钱基博是中国近代著名的国学大师和教育家，先后任教于清华大学、上海圣约翰大学、光华大学。尽管这个长子已经嗣出，钱基博不敢当着哥哥的面直接管教儿子，但是抓到机会就着实管教。

钱钟鲁：我的大哥钱钟韩跟钱锺书小时候是在一起念书的。有一次伯父叫他们两个人做文章，钱钟韩的功课一直是第一名，包括国文、英文、数学都是第一名，所以他文章写得很好。但钱锺书的那篇文章写出来却乌七八糟。我伯父很恼火，就狠狠地吼了他一通，从那以后钱锺书就开始在文学方面花力气了。

1930 年钱穆要出版《国学概论》，请钱基博作序，老先生就让 20 岁的儿子试刀。钱锺书的这篇序文写得老到畅达，后来竟一字不改交付了。

这位注定要成为一代才子的钱锺书，只在西南联大待了一年便奉父命跋山涉水去了湖南，在刚刚建立的蓝田国立师范学院担任英文系主任，两年后返回上海。

在日据时期的上海，敌伪希望借助钱锺书的才华为他们撑场面，钱锺书家门前不乏失足溷水之人来做说客，钱锺书均以“彼舟！首方西指，而我机箭心东归”予以拒绝。钱锺书此时病困交加，多亏有杨绛父亲的帮助，才使一个小家庭逐渐摆脱了艰难的处境。

这位早年留学日本早稻田大学和美国宾夕法尼亚大学，辛亥革命后又担任京师高等警察庭长和京师高等检察长的杨荫杭——杨绛的父亲，因秉公执法、坚持司法独立，被袁世凯调离职位。杨荫杭不仅精通法学而且是一名诗人，抗日战争爆发后，他在震旦女子文理学院任教，教授《诗经》和《楚辞》。后来，他把在女子文理学院教书的工作让给了钱锺书，让钱锺书在那里教书。

《宋诗选注》：想选的诗不能选，不想选的选进去了

1956年，钱锺书完成了《宋诗选注》的写作，一经出版即反响热烈。胡乔木说这是一本难得的选本，周扬称其为“那年头唯一可看的有个性的书”，而在海峡的另一端，胡适也看到了这本书。

汪荣祖：胡适当时的秘书叫胡颂平，大概是胡颂平拿这本书给胡先生看的。胡颂平说，这个钱先生的中文很好，胡适说，岂止中文好，他的外文更好。

弥松颐（人民文学出版社编审）：胡适说，这个钱锺书我知道，但是没见过。但钱先生说不对，我见过他三次。

抗日战争胜利后，钱锺书有段时间在读《宋诗纪事》，常到附近的

合众图书馆查书。胡适因有几箱书寄存在此，也常到那里去。一次碰到，当时的馆长特为两人介绍。因宋诗研究而起的这次会面，没想到若干年后又在一本《宋诗选注》中得到延续。看过书后胡适提了很中肯的意见。

汪荣祖：胡适说，钱锺书的注作得很不错，序文写得也很不错，但是所选的宋诗不怎么样。

弥松颐：先生（胡适）约略翻了一翻说，黄山谷的诗只选四首，王荆公、苏东坡的略多一些，钱锺书没有用经济史观来解释，听说某某某要清算他了。过了一天，先生看了此书后又说，他是故意选些有关社会问题的。

汪荣祖：他的意思是说，钱先生在那样的环境下，不可能完全选他所想要选的诗。后来钱先生自己也承认了，说他有的诗想选的不能选，有的不能选的诗也选进去了。

《宋诗选注》在国内出版不久便遭遇了“拔白旗”运动，首当其冲成为批判对象。尽管后来因为日本汉学泰斗吉川幸次郎对此书推崇备至，对钱锺书的批判声浪才由此减弱，但是此书在后来的20年中，只再版过一次。1978年，人民文学出版社准备重印《宋诗选注》，而同时期发表的《毛主席给陈毅同志谈诗的一封信》中有一部分刚好谈到宋诗。

弥松颐：我对钱先生说，现在有直接地谈宋诗的话，如果你把它引上去不就更好了吗，况且还是领袖的讲话。我当时的观点有点趋时或叫跟风。

钱锺书采纳了意见，但是他不仅引用了毛泽东的话，还引用了一段元朝人刘埙对曾巩诗的评价，互为参照。

弥松颐：后来过一些时日，我觉得我还是不要那么趋时吧，这不是钱先生本意。我就说咱们下次排的时候要不把这删掉吧，先生说不。原文是这么说的：“原来那些引文不改为妥，以示老实。我不想学摇身一变的魔术，或自我整容的手术，所以这本书的序和选目一仍其旧，作为当时气候的原来物证，更确切地说，作为当时我自己尽可能适应气候的原来的物证。”这话说得很沉痛啊！

钱锺书在20世纪50年代参与《毛泽东选集》的翻译工作，后来也参加在北京召开的“亚洲及太平洋区域和平会议”。但是在他填写的个人履历中，却从未将这类工作任务写入，政治运动中他始终保持着清醒的头脑。

薛鸿时（中国社科院外文所研究员）：说到我们这几十年批判知识分子的运动，譬如对胡适、胡风、向达、吴晗的批判，胡批乱侃的文章很多，但是钱先生一篇都没有。他绝不参与，不落井下石。其实俞平伯的红学钱先生是有看法的，但是既然搞运动在批俞平伯，钱先生就一声不吭了，他是很有操守的。

偷偷在女儿桌上写打油诗并署名杨绛

海外留学生涯中的人生百相，湘西山沟里的人情冷暖，孤岛上海下的国破家亡，都化作钱锺书笔下一批知识分子的肖像，这就是自1944年创作历时两年完成的长篇小说《围城》。《围城》被誉为“中国近代文学中最有趣和最用心经营的小说，可能亦是最伟大的一部”，但是自此以后的几十年中，钱锺书却再没有写作小说。

英国著名汉学家David Hawkes（霍克思）曾在钱锺书《围城》英文版出版之后写过一个述评。一番欣赏之词过后，他说令他感到遗憾的是，《围城》之后作为小说家的钱锺书再无新作问世。他认为假如还有后续作品，一定会写得很好。但是他所不知道的是，这个后续作品不仅有，而且早已拟好了名字，叫作《百合心》。

汪荣祖：像夏志清等都在讨论这个问题，都提到这个事情，说他已经写了30万字，后来因为搬家遗失了。可是我从钱先生那听到的是更有趣的故事：他说他写的小说的主角是个女性，他就跟他女儿开玩笑说，这个主角其实就是你，那个女孩子坏得不得了。结果他的女儿当然想要看了，他就不让看，就把它藏起来。两个捉迷藏捉了很久，结果最后连他自己都找不到了。

1937年5月19日，钱瑗出生在英国牛津，成为牛津出生的第二个中国婴儿。当护士把婴儿抱过来给钱锺书看时，钱锺书高兴地说："这是我的女儿，我喜欢的！"从小到大，钱瑗有人疼、有人教，但是能陪她玩的只有钱锺书。

杨绛：钱锺书做的所谓的"坏事"，就是跑到女儿房间里，在她的书桌上写一首打油诗，比如说"大牛洗澡，盆浅水少，没有办法，撒泡大尿"，然后底下署名杨绛。写完他就躲了，然后对女儿说是妈妈写的，我没写。我们平常生活里都是这样的事。

钱瑗从小学父母读书，很快就显现出"一目十行，过目不忘"的超凡能力，但是钱锺书和杨绛并未急迫地在教育上为女儿做任何规划，而是从小培养她独立的学习和钻研问题的能力。

杨绛：我有问题，我要问他一句，问题马上可以解决，可是我不问他，我自己查，女儿也是这样。有一次，女儿有一个问题，她就查书，查了一本字典、两本字典、三本字典、四本字典都没有，然后她就来问爸爸，爸爸说还有第五本呢，女儿就查了，最后查着了。下一次女儿就报仇了，钟书一个俄文都不认识，这个就得去问女儿了，女儿说爸爸你也去查字典。

1994年7月底，钱锺书重病住院。1996年秋冬，一向身体很好的女儿被确诊为肺癌晚期。强忍住悲痛的杨绛，必须在已经病重的钱锺书面前对女儿的病守口如瓶。

叶廷芳（中国社科院外文所研究员）：钱先生早就住院了，他不知道钱瑗得了绝症。杨先生鉴于钱先生已经病危，必须要把女儿不幸的遭遇瞒着他。钱先生看见钱瑗好久没有来了，有一点怀疑，就问怎么钱瑗老不来看我啊。杨先生总是笑嘻嘻的，说她的功课非常忙。到了后来，就说她身体有点不舒服，今天有点不舒服，明天有点不舒服，不断这么瞒着他。再到后来，钱先生就有点生气了，干脆就不说话了。他不说话了，杨先生便要强颜欢笑陪伴着他。我想那个时候杨先生心里不知道有多么痛苦。这样重大的遭遇，就算钱先生就要走了，都不能告诉他。

访美用多国语言演讲　开口语惊四座

1997年3月4日，钱瑗在安睡中去世，杨绛面对的最大难题，是怎么对钱锺书说。当她终于对钱锺书说了实话，钱锺书的手发烫，病情急剧恶化，这位20世纪中国最博学的知识分子的生命渐渐走向了终点。早在1975年，远在美国哥伦比亚大学的夏志清，听友人误传钱锺书已身故，遂撰写并发表了一篇情深意长的悼文，这件事情很快掀起轩然大波，海外的学者陆续作文悼念钱锺书。四年后，钱锺书随社科院代表团访美，沉寂多年的钱锺书一开口就震惊了西方学界。

汪荣祖：起先这个团并没有引起大家的特别注意，后来钱先生在访问美东跟美西几个主要大学的时候，别人就请他讲一讲，结果他一开口就语惊四座。因为他穿的跟其他人一样，就是当时所谓的“毛装”，看起来跟别人没什么不同，但是他一出口，是非常漂亮的牛津英文。然后他又提到了很多西方的作家，并且还用法文、德文讲。西方的人文学者，尤其是“二战”之后，多半是专家治学，因为大家都研究某一部分，或某一个小的题目，这样才能成名。在语言方面，因为英文的独霸全球，大家就不太重视其他欧洲的语言了，所以当听到钱先生英文那么好，而且对欧洲的其他语言又讲得那么标准，大家都觉得很惊异。

讲演之后，钱锺书回答学者们的提问。有时提问者用汉语问，钱锺书用外语答，各国的文学典故、民间谚语信口道来。

汪荣祖： 譬如有一个美国女博士候选人，她是做《七侠五义》这本小说的。当她提这些问题的时候，钱先生随口就答，而且背诵了《七侠五义》相关的一段话。当时大家觉得太惊奇了，因为几乎没有人可以做到这样。

法国《世界报》报道，听着这位才气横溢、充满感情的人的讲话，人们有这样的感觉，在整个文化被剥夺十年后，中国思想的世界又开始复苏了。

20 世纪 80 年代初，随着国门打开，西方的知名学者纷纷来到中国，美国哈佛大学英美文学与比较文学教授哈里·莱文，此时应邀来华访学。和其他学者一样，他也希望有机会见到钱锺书。

朱虹（中国社科院外文所研究员）：见面那天，钱先生笑嘻嘻地对哈里·莱文说："啊，你是来参观我这个神话动物（mythological animal）中国高级知识分子（Chinese higher intellectual）的……"谈话中，他不是板起脸很严肃的跟人谈什么，而是特别随意地聊，就好玩似的那样聊。但是你聊什么他都知道，没有他不知道的。

哈里·莱文是著作等身的哈佛顶级教授，据说 Rudenstine（陆登庭）校长到任后的第一件事，就是去拜望自己当年的这位老师。莱文的高傲是出名的，但在和钱锺书会面之后，他却沉默良久。

朱虹： 我们两人出来了，他就不说话，在车里头闷着。后来闷完了，他就说 I'm depressed，I'm humbled，humble 是谦卑的意思。我就问为什么 humble 呢，因为别人一出来都是特别高兴的。他就说，He knows everything that I know，and there's another world of his that I know nothing about，意思是，他知道我所知道的一切，但他那个世界我什么都不知道。这会儿莱文好像知道了自己的深浅了。

自钱锺书 1979 年访美回国后，美国哈佛、耶鲁、哥伦比亚、普林斯顿等大学，都要求授予钱锺书荣誉文学博士学位，邀请赴美讲学的书信、电报也纷至沓来，还有特意额外赠送数千美元书籍者，钱锺书都一一婉谢。

汪荣祖： 差不多也是 1979 年的时候，有些外国学者到中国来访问钱先生。钱先生跟我说过，他一听就知道这些来访的人是想听他吐苦水，然后把他挖跑，钱先生就一概不讲。他跟我讲了一句话，说衣带渐宽终不悔，就是说我虽然在这里受苦，越来越瘦，但是我都不后悔。

就在钱锺书 20 世纪 70 年代末的出访成为海内外学界的美谈时，出版界和学界又共同迎来了一部巨著的问世，这就是 1979 年 11 月由中华书局用繁体字出版的《管锥编》。这部写作于"文革"中却与"三忠于四无限"毫无关系的研究著作，在很多人看来是钱锺书顶着生命之忧锱铢积累完成的巨著。而就是这样一部压卷之作，钱锺书选择了用文言文写作。

汪荣祖： 这个文言，不是像梁启超式的那种文言，而是非常典雅的四六句。那个时候已经是"文革"晚期了，在那个时代，还用这种典雅的古文来写书，这绝无仅有。有很多人说他用文言写，是因为怕惹祸，因为红卫兵不了解，我觉得这样说不通。他不是那种保守主义，"文革"是要破除中国传统文化，几乎要彻底地摧毁中国文化，他用文言写，这是中国传统文化的爆发，是一条能够承载中国文化的船。假如这种文字没有了，整个文化便无从寄托。

200年前，清代学者在令人窒息的学术环境下，创造了乾嘉学派的辉煌，200年后，钱锺书用同样的方法撰著《管锥编》。全书引用古今中外近4000作家的上万本著作，以130万字通盘考论《周易》《诗经》《左传》《史记》等十部中国古籍的辞章及义理，打通时空、语言、文化和学科的壁垒。当学界读者面对这套皇皇巨著而惊叹不已时，钱锺书却不无幽默地说，自己用文言文写作是因为技痒。

汪荣祖：因为他在给我的一封信上也说，他的文言能够表达意思更清楚、流畅，超过了像严复、章太炎这些前辈。他对自己的文言是非常自信的，因为的确写得很好，所以他就要继续用文言写，不管时代。同时他也讲了，诗、文章、学问是不分时代的，所以不是说清朝、明朝可以写古文，现在民国、中华人民共和国就不能写了。

1998年12月19日，钱锺书去世。临行前，他留下遗言："遗体只要两三个亲友送送，不举行任何仪式，恳辞花篮、花圈，不留骨灰。"杨绛谨守遗言，依之操办后事。

但悄然西行的钱锺书，还是震动了世界。时任法国总统的希拉克在唁电中说："我向这位伟人鞠躬致意，他将以他的自由创作、审慎思想和全球意识，铭记在文化历史中，并成为对未来世代的灵感源泉。"寓居美国的余英时得知消息后说："默存先生是中国古典文化在20世纪最高的结晶之一，他的逝世象征了中国的传统文化和20世纪的同时终结。"

（凤凰卫视《我的中国心》栏目供稿）

学人本色 文化传灯

——任继愈先生印象

左 文*

2009年1月15日，92岁高龄的中国国家图书馆名誉馆长任继愈等六位先生，由国务院总理温家宝签署证书聘为中央文史研究馆馆员。得知这一消息，任老十分高兴，并郑重表示：一定要为弘扬中华文化尽自己最大的力量。孰料，不到半年即当年7月11日，任老竟悄然离世。当天上午，温家宝总理即委托工作人员向有关负责人，转达他对任老辞世的深切哀悼，并向任老亲属表示慰问。

任继愈

* 作者系国务院参事室中央文史研究馆博士后

与温总理的“文化交情”

任老与温总理的交情由来已久，这种交情建立在对中华文化命运的共同关注上。温总理与任老年龄相差25岁，是名副其实的忘年交。多年来，温总理对任老始终深怀敬意，任老也将温总理视为知己，多次赠书、致信，就重点文化工程建设、教育改革等建言献策，温总理总是认真阅读，及时复信。

早在1987年，任老担任中国国家图书馆馆长时便积极倡议，以馆藏《赵城金藏》为基础编辑《中华大藏经》。获批准立项后，任老组织人员经过16年辛勤努力，编纂完成了107卷1.2亿字的《中华大藏经（汉文部分）·正编》。之后，任老又组织力量编纂《中华大藏经（汉文部分）·续编》，预计5年内完成2.6亿字的点校编纂任务。由于这一工程规模庞大，所费甚多，进展比较缓慢，直到2007年任老致信温总理请求帮助，并得到明确要求财政部予以支持的批示后，才使此项工程得以顺利推进。

同样是在20世纪80年代末，由任老担任主编，数百名中国学者发起编纂全面展示浩瀚中华文化、总规模超过7亿字的类书《中华大典》工程。2004年3月18日，任老和几位专家联名致信温总理，说明编纂《中华大典》重要意义的同时，也将遇到的困难告诉了总理。温总理很快就复信，感谢编纂人员的辛勤劳动。在总理的重视和推动下，中央财政拨专款2亿元，使原本因经费短缺而停滞的这一工程再次启动，并将原计划编纂的21个典扩大到了24个典。

到了2004年8月，倾注任老大量心血的另一文化工程——《大中华文库》（第一批图书24种52册）出版了。该文库是中国历史上首次系统全面向世界推出的中国古籍整理和翻译的巨大文化工程，选收历代以来百余部经典著作，先由古汉语译成白话文，再由白话文译成英文。文库出版后，任老代表文库工作委员会将书送给温总理，请他“在百忙之中审阅，并请提出指导性意见，以便于我们今后更好地开展此项工作”。随即，温总理回信表示祝贺：“谨对您及从事这项浩繁工程的各出版单位和全体工作人员表示衷心的感谢和热烈的祝贺。这部巨著的出版是弘扬中华民族优秀文化的有益实践和具体体现，对传播中国文化，促进世界文化交流与合作具有重大而深远的意义。这部文库翻译和出版质量之高，反映了我国的出版水平。”接着，温总理还提出了新期望：“我国有着悠久而灿烂的历史文化，希望你们以伟大的爱国热忱、宽广的世界眼光和严谨的科学态度，锲而不舍地把这项光辉的事业进行到底。我坚信你们一定能够做到，也期待看到你们新的成果。”2009 年，温总理在参访西班牙塞万提斯学院时，将《大中华文库》作为国礼馈赠校方，可见该文库在总理心中分量，当然也体现了温总理对任老等人辛勤劳动的高度肯定。

由此可知，任老主持的多项文化工程之所以得以实现，几乎都得益于他与温家宝总理的这种“文化交情”。而正是因为有此“交情”，当有关部门于 2007 年 9 月 17 日受温总理委托，前往看望任老并送上花篮致以亲切问候时，任老则觉得“盛情关怀，无以回报”，遂就教育问题向温总理建言献策。任老认为，“我国教育面临危机”，导致他“常为此长夜不眠”。温总理在复信中表示：“您对我国教育事业十分关心，所提意见中肯，给人以启示。十七大报告已有教育方面的内容，会后国务院还将就教育问题进行专门讨论，当认真吸收您的意见。”时隔一年多，中国开始制定《国家中长期教育改革和发展规划纲要》，并通过各种方式征求社会各界意见 210 多万条，其中就吸收和采纳了任老所提有关意见。

2009年5月中旬，温总理得知任老生病住院的消息，便委托国务院参事室主任陈进玉同志和中央文史研究馆馆长袁行霈先生专程前往北京医院探望。7月11日，获悉任老去世后，温总理心情十分沉重，于当天下午5时左右亲自打电话给国务院参事室负责人，并指出，参事室、文史馆还有一批年事已高、德高望重的老先生，一定要把他们照顾好。由此时光可以回转到2008年，当温总理得知任老虽年过九旬仍关心中央文史馆工作时，就明确表示要聘请任老为文史馆馆员。温总理说，文化的发展和繁荣，关键在人才，在一批领军人物。文史馆有敬老崇文的传统，像任继愈老先生这样在国内外有重要影响的文化界代表人物，年龄大一点不要紧，吸收他们做馆员，有利于充分发挥他们在推进国家文化建设中的独特作用。

一位是矢志不移以振兴中华文化为己任的大学者，一位是视文化传统为国家灵魂的共和国总理，他们就这样以文化为媒演绎了一段墨香四溢的忘年佳话。

毛主席赞誉后的深层反思

中华人民共和国成立后，任老自觉接受马克思主义对哲学社会科学教学研究工作的指导地位，并以1956年光荣加入中国共产党为标志，实现了这位爱国知识分子与共产主义者之间的历史性跨越和统一。当然，任老由此也成为新中国以来最早成熟运用马克思主义历史唯物观研究中国文化的学者之一，成为中国马克思主义宗教学研究的奠基人，成为中国学术界坚持用马克思主义立场、观点、方法从事学术研究的杰出代表，成为德高望重的哲学社会科学研究的组织者和领导者。1955年至1962年，任老陆续发表了《汉唐时期佛教哲学思想在中国的传播和发展》等论文，后集为《汉唐佛教思想论集》出版。这些论文站在历史唯物主义角度研究中国佛教思想，其视野之广阔，分析之深刻，为开辟宗教学研究的新方向提供了出色范例，不仅得到了毛泽东主席“凤毛麟角”的赞誉，也获得了国内外学术界的广泛好评，成为中共中央决定设立世界宗教研究所的嚆矢。确实，任老主编的《中国哲学史》作为高校教材影响了几代学人；他埋首传统文化的古籍整理，主持整理和编纂古代文献超过10亿字；他晚年时仍笔耕不辍，并以每年20万字的写作速度在推进……正如中国社科院世界宗教研究所的唁电所悼：任先生的开基之功，是不可替代、不可磨灭的。

其实，早在毛主席称赞任老“凤毛麟角”前，二人已有交往。1959年10月13日深夜，任老应毛主席之邀走进中南海丰泽园，与之进行彻夜长谈。当晚，毛主席对任老用历史唯物主义研究佛教的方法予以充分肯定，同时谈及宗教研究的重要性。四年后，毛主席在《关于加强研究外国工作的报告》中，写下这样一段批语：“对世界三大宗教（耶稣教、回教、佛教），至今影响着广大人口，我们却没有知识，国内没有一个由马克思主义者领导的研究机构，没有一本可看的这方面的刊物。”在批语中，他还特别强调：“用历史唯物主义的观点写的文章也很少，例如任继愈发表的几篇谈佛学的文章，已如凤毛麟角，谈耶稣教、回教的没有见过。”后来，这一批语被收进《毛泽东文集》。

在政治挂帅的年代里，一个学者能得到最高领袖如此评价，在当时恐怕无有出其右者。如果任老是一个政治投机者，这完全可以成为他博取飞黄腾达的政治资本。而事实上，出自毛主席之手的“凤毛麟角”四个字，在客观上也确实成为任老在那个“动乱年代”里得以相对安稳度过的“护身符”，但他并没有感恩戴德，且一度对此三缄其口。当他开口谈论此事时，却加入了自己对“文革”的深刻反思。任老首先反思的是对毛主席的个人崇拜：“把毛泽东当成神，一个是他自身有把自己当

出任国家图书馆名誉馆长的任继愈

成神那种欲望，可是广大群众也有这个心理……20 多年后，即使毛泽东复活，他再想当神，也当不成了。”任老将“文革”比作一场迟早要发作的病症，因此他对“文革”并“没有多少遗憾”，因为“要不发这个病的话，没有免疫性，以后迟早还要出现。代价很大，但没办法”。任老认为，中国之所以出现“文革”，其中一个重要病根就在于几千年来植根于中国的儒家学说——儒在中国，不只是学说，更是宗教。

关于“儒教是教”和“恢复科举”的争议

一般而言，学界公认任老对于中国哲学最大的贡献是：他提出儒、释、道是中国传统文化三大支柱，它们深刻而广泛地影响着中国社会各阶层。任老力图把中国佛教思想纳入中国哲学发展的主流，并认为道教对中华民族的重要性绝不亚于佛教。在他的思想意识中，始终认为思想文化的研究也要从国情出发，而“多民族统一大国”则永远是中国的国情。当然，任老坚信人类走到某一天，有可能会进入“大同社会”。国家组织消亡，而宗教与哲学依然存在。宗教的基础是信仰，哲学的基础是怀疑。宗教不如哲学那么彻底，宗教的寿命比国家长，哲学的寿命比宗教长。

如果说上述观点是得到学界一致认可的确切之论的话，那么任老提出的“儒教是宗教”的理论，则是一桩引起争论长达数十年且至今仍未解决的悬案。1979 年，在南京召开的中国无神论学会成立大会，及在太原召开的“文革”后中国哲学史学会第一次大型学术讨论会上，任老提出“儒教是宗教”的命题，并接连发表了《论儒教的形成》《儒家与儒教》《儒教的再评价》《朱熹与宗教》等一系列论文，阐述儒教的本质及其特征。数十年过去了，学术界对此时有争辩。总体看来，反对者众多而赞同者寥寥。反对者的理由是，儒教不具有一般宗教的特征。如儒者一般不信鬼神，儒教无宗教组织和宗教仪式，儒教无彼岸世界，等等。而任老则始终坚持“儒教是教”的观点，他认为中国儒教最显著的特点就是：高度的政教合一，政教一体。在宋以后，皇帝为巩固自身皇权，加强中央集权统治，开始加大儒教的教化力度。他断言，任何一个国家不可能没有自己的宗教信仰，特别是在中国，如果没有宗教信仰的话，是不可能维系一个有着五千年文明史的国家和民族的。儒教作为完整形态的宗教，应当从北宋算起，并由朱熹把它完善化了。

笔者并不认为任老的观点是绝对正确的——任老本人也从未说过类似的话。他只是用各种理论、论据在孜孜不倦地论证和捍卫着自己的观点。任老这一观点的最大价值，也许就在于他为人们理解中国文化提供了另一种新的、可能的途径。因为任老的这一判断，改变了对中国传统文化性质的看法，从而成为人们认识中国传统文化本来面貌的基础性理论。

任老晚年另一个引起巨大争议的观点是，他认为中国教育的出路在于恢复科举制度。自从科举制度被废止以来，几乎一直都是腐朽的代名词。但是，目睹当前中国教育的严重问题，再一次激发了任老的批判精神，“中国教育的出路在于恢复科举制”，就是一种看似偏激实则深刻的观点。实际上，任老所谓的“恢复科举”，并不是复古主义和封建主义——“我说的是制度，不是内容”。他所谓的“科”，应该是“科学”的意思，科举的“举”，应该是“举荐人才”的意思。任老的“科举”改革，实则是倡导建立一种全新的“科学举荐人才体系”。事实上，科举制度的优点是显而易见的：首先，其基础是学生自学，而不是填鸭式的灌输教育；其次，其保障是公平严格，历朝历代对科举舞弊的处罚都异常严厉，绝不是打打招呼、批批条子就能当上进士的；再次，其考查形式是发散式的，以求才为本，考题没有标准答案。1870 年英国建立的文官制度，就是从中国科举考试中直接借鉴而去。任老认为，从明朝开始，朱元璋开始用八股文考试，内容比较陈腐，但陈腐的并不是科举这个制度。这个制度是很先进的。反观当前教育种种问题，任老的话确实发人深省。

坚守是学人本色的最突出表现

作为一代杰出学人的代表，任老最突出的本色就是“坚守”二字。其一，坚守学术阵地。1934 年，任老考上北京大学哲学系，研究西方哲学，一切似乎顺理成章，因为他从小就富有哲学思辨，即便是将砖头翻过来也得问一问上面的蚂蚁是否头晕！唯一让他感到不安的是，读哲学很难找到一份合适的职业。也许是对哲学的热爱冲淡了对安身立命的担忧，此后他一辈子都没有离开过哲学。他说：“当时进哲学系一共有十几个人，最后只剩下三人，我便是其中之一。”2005 年，经任老再三要求，他从担任了18年的中国国家图书馆馆长任上退下来，那一年他89岁。但退下来只是为了减轻行政工作，学术工作则一刻也未放松，尽管20年前他的右眼就已失明，左眼视力也只有0.6左右，但他依然坚持每天早晨4点即起，一直到8点，为《中华大藏经》和《中华大典》两部鸿篇巨制的总编纂工作而不知疲倦地工作着。

其二，坚守学术立场。学术，乃社会之公器。以学术为生命，需要时刻保持一份敬畏之心。但在任老这里，这份敬畏之心，体现更多的是严谨的学术态度和一个学者的独立精神。冯友兰先生是当之无愧的中国哲学史大家，作为冯先生的学生兼侄女婿，任老对其尊重与敬仰自不待言，然一旦涉及学术观点，任老却能与冯先生进行面对面的激烈争论。另一位哲学大家熊十力先生也是任老仰慕的恩师，但是任老接受马克思主义观点后，曾致信熊先生，开门见山地表示自己不再相信他的佛学研究方向，只“相信马列主义是真理，‘所信虽有不同，师生之谊长在’”。对此，个性十足的熊先生大加赞赏，曰其“诚信不欺，有古人风”。更有甚者，1959年毛主席接见任老时曾表示，不赞同其将老子思想视为唯物主义的观点，但任老仍坚持己见地将这一观点写入他主编的《中国哲学史》（1963年版）教材。虽然后来几经修改，但每次修改都是他认真思考的结果，而非屈服于某种外部权威。

其三，坚守学术道德。当前，学术界有一股很不好的风气，那就是有的导师堂而皇之地在学生研究成果上挂名，且挂第一署名人，这其实是一种变相的学术腐败。任老则不然，他晚年时不时流露出要撰写一部属于自己的《中国哲学史》愿望，但又实在无暇顾及，于是有人提出，能否请任老口述框架、大意，交由学生或助手先开始草稿的写作。对此建议，任老当即就一口回绝，因为这种做法显然违背了他“以己手写己心，有一分材料说一分话”的治学原则。任老常说：“我写的，完全是我想通了的，没有说别人的话，我反对跟着凑热闹。”终其一生，任老主持的古籍整理项目众多，但从未做过“挂名”主编。这是任老引以为傲的道德坚守，更是后辈学人应该追慕和传承的大家风范。

“儒者之风道家之骨，从来学人本色；中华大典佛教大藏，毕生文化传灯。”诚哉斯言！

陈垣与辅仁大学“四翰林”

金　人

陈垣是我国当代著名的历史学家、教育家，在 20 世纪中国史学发展进程中作出了卓越贡献，他不仅在宗教史、元史、历史文献学诸多领域有精深研究，取得了开创性的成就，而且以励志耕耘、锲而不舍的刻苦治学精神和谦虚审慎、求是寻真的优良学风影响了一代代学人，为后世学者所景仰。尤为难得的是，他循循善诱，因材施教，培育出一大批文史英才，在中国教育史上留下一段段佳话，至今为人们津津乐道。

自学成才　卓然大家

陈垣（1880—1971），字援庵，广东新会人。幼入私塾，攻读四书五经。1898 年参加清末科举考试，考中举人。后在维新思想影响下，积极投身反帝反封建活动，与友人创办《时事画报》，撰文抨击社会黑暗，鼓吹建立共和制，成为“革命报人”。民国初年，他被选为众议员，迁居北京。后曾一度出任北洋政府教育部次长。因目睹军阀混战、国事日非的社会现实而深感失望，毅然辞职，从此退出政界，转而专门从事教育教学工作。他先后在北京大学、北平师范大学、辅仁大学、燕京大学任教，从1925年起，出任辅仁大学校长，执掌校政26年之久。在此前后，他还担任京师图书馆（国家图书馆前身）馆长、清室善后委员会委员、故宫博物院理事、故宫图书馆馆长、中央研究院院士、评议员等职务。中华人民共和国成立后，任北京师范大学校长兼中国科学院历史研究所第二所所长。

然而，陈垣既没有出洋留过学，也非历史专业“科班”出身，他是弃医治史，经过坚忍不拔的刻苦自学而终成一代宗师的。

说起陈垣治史的经历十分生动感人：陈垣自幼勤奋好学，酷爱历史。十二三岁时他已熟读了十三经等儒学经典。13岁时，一次他偶然看到了一本张之洞撰著的《书目答问》，书中开列的经、史、子、集书目使他喜不自禁，由此按图索骥，认真研读，扩大了视野，掌握了目录学的知识，逐渐悟出了治学的门径。此后，他又根据《四库简明目录》和《四库总目提要》开始阅览史学书籍，了解学术的古今流别，为后来专攻史学打下了坚实的基础。

1907年，一度任教中小学的陈垣进入广州博济医学院学习。这是一所美国教会开办的学校，歧视中国籍教员和学生。因不满学校为外国势力所挟制，义愤之下，陈垣退出该校，与爱国友人合作，另外创办了光华医学院，成为第一所国人自办的医校。1910年，陈垣作为首届毕业生毕业，毕业后留校任教。此后几年间，他经常撰述有关医学和医学史人物及研究的文章，在广州《医学卫生报》《光华医事卫生杂志》上发表。由于陈垣对中国古史和中国医学夙有根底，又经过近代自然科学、医学的教育，因此，他撰写的有关文章对中国近代医学的发展起到了推动作用。

定居北京以后，陈垣更与史学结下不解之缘。1917 年，经过长期积累，陈垣撰成《元也里可温考》一文在《东方杂志》上发表，标志着他史学生涯的开始。此文对《元史》中“也里可温”进行了充分辩证，廓清迷雾，使沉埋了六七百年的元代基督教在华情况大白于世，这篇具有现代意义的科学论文使人耳目一新，为史学研究开辟了一个新的领域，即宗教史研究，从而获得中外学术界一致好评。此后，陈垣史学研究的著述一发不可收，有关宗教史、元史、历史年代学、避讳学、校勘学等历史文献学的专著、论文接踵而出，如《火祆教入中国考》《摩尼教入中国考》《元西域人华化教》《元典章校补》《元秘史译音用字考》《史讳举例》，奠定了他在史学界的地位。此外，他还历时 4 年，编制成《二十史朔闰表》和《中西回史日历》，为中、西、回三种历法的纪年提供了准确可靠的换算工具书，为历史年代学辟出一条新路。他还根据自己和前人从事校勘的经验，撰成《校勘学释例》，首次提出“校勘四法”，即对校、本校、他校、理校四种方法，为学界广泛接受。在长达 70 余年的教育教学工作中，陈垣持之以恒，孜孜矻矻，笔耕不辍，有 20 部专著和近 200 篇论文传世，堪称著述等身，成果恢宏。

抗日战争爆发以后，身陷日寇占领的北平，陈垣目睹时艰，拒不出任伪职。在白色恐怖的八年岁月中，他坚持操守，发扬舍生取义的传统美德，以傲骨撑天地的大无畏精神进行著述，以学术抗日，对学生进行爱国主义教育。当时，他困处枯城，杜门谢客，发愤著述，寄托心志，先后撰成 7 部专著，其中被称为“宗教三书”的《明季滇黔佛教考》《清初僧诤记》《南宋初河北新道教考》，均为针对时局抗敌斥奸有感而发之作，意在表彰明末遗民抗节不仕的爱国精神和民族气节，有深刻的现实意义。而历时两年撰成的《通鉴胡注表微》更是陈垣的一部力作，凝聚了他大量心血，体现了作者强烈的历史感和时代感。书中对由宋入元的胡三省心怀亡国之痛，竭30年心血为《资治通鉴》笺注进行全面辨析，以史为鉴，分析面临的时局，结合表胡注之微，阐发胡注中隐含的民族气节与爱国情操，倾注了他对祖国前途的忧患，对前方抗日战士的敬慕和对汉奸卖国贼的痛恨，体现了很高学术成就和爱国主义思想，是其代表作。

春风桃李　化育英才

陈垣不仅是有开创性贡献的史学大师，而且视培养教育学生为义不容辞的职责，执教数十年，呕心沥血，诲人不倦，金针度人，不遗余力，以至于桃李遍天下，精英俊才辈出，为国家造就出一大批学有专长的人才，如史念海、赵光贤、单士元、陈述、郭预衡、刘乃和、蔡尚思、史树青、来新夏……此外，还有不少私淑弟子，如杨志玖。当时辅仁大学教师中也有不少陈垣的得意弟子，如余逊、柴德赓、牟润孙、许诗英、张鸿翔、刘厚滋、吴丰培、启功、周祖谟。后来，抗日战争爆发，人员星散，有的就职他处，有的不幸弃世，只剩下余逊、柴德赓、周祖谟、启功四位才华出众的青年教师仍随侍恩师陈垣校长左右，聆其教诲，承其謦欬，得其亲炙，被人谑称为辅仁大学“四翰林”。

陈垣自1913年迁京定居以来，均为租赁住房，先后七次搬迁，八易其地，但书斋均冠以“励耘”之名，有其深意，因其父号励耘，陈垣深爱此二字，曾为友人一幅家藏清人手卷《锄耕图》题跋，诗中有“寒宗也是农家子，书屋而今号励耘”之句。把书斋命名为“励耘书屋”，就是要求自己治学要像农夫耕田劳作一样，业精于勤，深耕细作，毫不懈怠。而“励耘”二字，恰是陈垣一生勤奋治史的真实写照。

1939年，陈垣搬入北京西城兴化寺街5号（今兴华胡同13号），这里是他人生最后32年的住所，原为辅仁大学学生宿舍，被截断成为一个独立的四合院，有两进庭院，外院有三大间宽敞的南房作为书房兼会客室。由于余逊、柴德赓、周祖谟、启功四位高足常常一起到这里的励耘书屋造访，向恩师问学请益，因此被时人戏谑地称为“南书房行走”。南书房是清代紫禁城乾清门右阶下的一排平房，因位于乾清宫之南而得名。康熙十六年（1677 年），上谕在翰林院中选博学善书的饱学之士二人，御前供奉，入值侍班，以备顾问，讲究文义、缮写密旨，入选者称之为“南书房行走”，又称“南书房翰林”。因为余逊等四人是陈垣校长南书房的座上客，他们在此谈古论今，研讨学问，交流心得，因此时人有“四翰林”之谓。这四位青年才俊终成大才。

余逊，字让之，著名目录学家、古文献学家和史学家余嘉锡的哲嗣。陈垣在北大授课时，发现余逊作业精湛，询问后知其家学渊源。余嘉锡（1883—1955），字季豫，湖南常德人，幼承庭训，研习经史，后设馆授徒。他精研《四库全书》，数十年如一日，无间寒暑，颇有心得。思贤若渴的陈垣发现后，约见其人。余嘉锡与陈垣相见，交谈甚欢，他们二人有共同的治学经历，都受到张之洞《书目答问》启发，进而对《四库全书》进行研究，个中甘苦，如鱼游水，冷暖自知。二人灵犀相通，从此结交，陈垣对余嘉锡极力汲引，延聘他到辅仁大学，初为讲师，后升为教授。余嘉锡潜心《四库全书总目提要》研究，积数十年之功，一生心力所萃，撰成《四库提要辨证》一书，80 万字，是第一个对《四库全书总目提要》中的乖错违失纠谬的学者。此外，他还著有《目录学发微》《余嘉锡论学杂著》《古书通例》《世说新语笺证》等著作。1947 年，余嘉锡与陈垣均被选为中央研究院院士，二人比邻而居，一条胡同出了两名院士，当时传为美谈。余逊自承家学，博闻强记，在北大历史系三年级时即出版了他撰著的《余氏高中本国史课本》，深受陈垣器重。毕业后即被罗致到辅仁大学，在历史系讲授秦汉史和《中国通史》。他在讲授《史记·高祖本纪》时，引述原文，在三面黑板上背诵书写千余字，与原文一字不差，足见功力深厚。讲课时从不带书和讲稿，滔滔不绝，旁征博引，深受学生欢迎。惜其享年不永，因患高血压英年早逝而未能大展奇才。

柴德赓（1908—1979），字青峰，浙江诸暨县人。幼年在萧山读书，后转入杭州浙江省立第一高中，少年时受老师蔡东藩影响，热爱历史，国文根基深厚，被同学誉为“柴秀才”。蔡东藩学识渊博，著有《历朝通俗演义》，至今翻印不衰。1929年柴德赓考入北平师范大学历史系，试卷被陈垣拔识为第一名，上课时他对答如流，更受陈垣赏识。当时柴德赓家庭经济困窘，得到陈垣的暗中资助，并极力推荐他的论文发表加以奖掖。1931年经陈垣荐介，到辅仁大学历史系任教。抗战期间，出于对汉奸曹汝霖任辅仁大学董事长愤恨而举家南迁，任国立四川白沙女子师范学院历史系教授兼图书馆馆长。抗战胜利后，1946年返回北平，仍任教于辅仁大学历史系。解放后，任北京师范大学历史系教授、主任。1955年，响应支援兄弟院校的号召奉调苏州，任江苏师范学院（今苏州大学）历史系教授、主任。1965年，由教育部借调，协助陈垣点校《新旧五代史》。1966年夏“文化大革命”爆发，回江苏师范学院参加运动，屡受迫害，含冤去世。1979年5月，江苏师范学院举行追悼会为其平反昭雪。柴德赓追随陈垣多年，对恩师的道德文章极为钦佩，亲聆教诲，颇得真传。在辅仁大学任教时，他的住处与陈垣住所很近，因此有向恩师请益解惑之便。师生二人研讨学问，往往不计时间，夤夜不散。兴致高了，索性移座凳到励耕书屋的书库中检索群籍，有时师生二人为了一个问题争得面红耳赤，成为他们终生难忘的“夜谈”。师生情谊深厚，由此可见一斑。柴德赓为人豪爽热情，重然诺，广交游，助人为乐，有乃师风。在学术研究上，仰承师训，长于考据，目录之学，著有《史籍举要》《史学丛考》，主编近代史资料丛刊《辛亥革命》，8册，320万字。

周祖谟（1914—1995），字燕孙，余嘉锡的女婿。1932年考入北京大学中国语言文学系，1936年毕业后考入南京中央研究院历史语言研究所任助理研究员，1938年起在辅仁大学中文系任教。抗日战争胜利后，至北京大学中文系任教授。解放后仍任教北大，并任北京大学学术委员会委员、中国音韵学研究会名誉会长等职。周祖谟学殖深厚，举凡音韵、文学、训诂、校勘无一不精，学术成果颇丰，著有《问学集》《汉语音韵论文集》《广韵校本》《方言校笺》《尔雅校笺》《释名校笺》《洛阳伽蓝记校释》《唐五代韵书集存》等。他热心汉语规范化和文学改革运动，积极提倡普及语文知识，写有《汉语拼音字母学习法》《汉语词汇讲话》。周祖谟从青年时代起潜心研究中国语言文学，他论学态度严谨，勤于钻研，慎于著述，厚积薄发，谨遵乃师搜集资料“竭泽而渔”的方法，参互比证，从不妄下断语。后长期在高校任教，为培养新一代语文工作者和科研人才付出了辛勤劳动，当今许多语言学界的学者均出其门下。

启功（1912—2005），姓爱新觉罗，字元白，满族人，皇室贵族后裔。其父早丧，刚满周岁的启功在祖父关爱下读书。10岁时，祖父也弃世，家道中落。在祖父的门生接济下，茹苦守孀的寡母与未出嫁的姑姑将他抚养成人。中学毕业后，不得不找工作以养家糊口。1933年，经祖父辈的老世交傅增湘拿着他的作业介绍他见到陈垣校长，陈垣认为他的写作俱佳，破例录用，推荐他到辅仁大学附属中学教一班国文。过了两年，有人认为启功仅是中学毕业，资格过浅，把他解聘了。陈垣不计文凭，重真才实学，又把他派到大学教一年级国文。陈垣历来对国文课十分重视，不仅亲自过问，每年还亲自教一班课，并亲自选课文，选教员，编成统一教材，对任课教师详加解说，学年末全校一年级国文课会考，也由陈垣亲自出题，统一评分。陈垣将自己多年总结出的教学方法和经验倾囊不吝地传授给启功，细致入微到如何备课、批改作业、讲课的站姿、板书书写……使启功煦如春酿，终身受益，在辅仁大学执教，最终成为中国当代大学名师。启功自幼习书法，博学多才，工书善画，熟读古典诗词和经史辞章。善于广取博收的他，在陈垣的悉心指导下不仅学业精进，精于文物鉴赏，而且成长为当代书法大师、文物鉴定专家、古典文献学家。中华人民共和国成立后，历任北京师范大学中文系副教授、教授、资深教授，国家文物委员会委员、国家文物鉴定委员会主任委员、中国书法家协会主席、名誉主席，中央文史研究馆馆长等职。其著作丰赡，有诗作《启功韵语》，著作《古代文体论稿》《诗文声律论稿》《启功丛稿》等多部。说起他在辅仁大学教书的经历，启功曾形象地比喻为一边教大学，一边“上大学”。陈垣常教导启功，一篇论文或专著不要急于发表，这好比刚蒸出来的馒头，要等热气散完了才能去吃，蒸得透不透、熟不熟，才能知道。陈垣常以“三人行，必有我师”的古训自励，自己每写完一篇文章必请别人审读，听取修改意见，这些人包括老师辈、朋友辈和学生们。有幸审读到这些文章，不仅可以体会到恩师严谨认真的学风，还可以学习到恩师虚怀若谷、以众人为师的高尚品德。从 1933 年起，启功近随恩师左右，为沐春风，得其化育，师生之谊，有逾父子。启功数十年对恩师陈垣的教诲铭记不忘，在他心目中，这个“恩”字，不是普通恩惠的恩，而是再造他的思想、知识的恩谊之恩！

陈垣逝世后，启功撰写挽联：“依函丈卅九年，信有师生同父子；刊习作二三册，痛余文字荟陶甄。”纪念陈垣先生百年诞辰时，启功特撰文《夫子循循然善诱人》以缅怀恩师，正是校长的提携扶掖，使他从一个普通的中学毕业生成长为一代著名学者。1991 年，陈垣先生诞辰 120 周年之际，启功以义卖书画款所得 163 万元人民币设立“北京师范大学励耘奖学助学基金”（陈垣的书斋名励耘书屋）以资助学子，作为对恩师的报答与纪念。

人生亦学问：启功先生的人情世故

李　强*

称呼也是一门学问

先从有关称呼的事情说起。

启先生在世时，大家在启先生的当面，大多是称呼启先生。启先生教了70多年书，这“先生”，是学生——先生的意思，不是女士——先生的意思。也有称启老的，透着更加尊敬和一些生分。启先生有时会回以“岂（启）敢”，这是启先生的说话风格，客气，还风趣。

启先生有很多学界和社会兼职，罗列下来篇幅会很大（所谓盖棺论定，可以在此列一个“标准文本”，插图之外的“插文”）。按现在的风气，有称呼人家“张处”“王局”的，也有称呼“张总”“王董”的。在启先生这儿，很少有人称呼启先生的职务、官衔。有称启老师的，那

* 李强，《启功全集》编委会成员。

是弟子，主要是多年来启先生的古典文学弟子。我们觉得自己不配。一些身边亲近的人，背后说起来称他“老头”。

启先生是清宗室，清雍正皇帝第九代后人。所以在清朝说来，启先生的世系是贵族。启先生的曾祖颇有作为，辞去了朝廷封爵，科场登第，入了翰林。启先生的爷爷也随乃父，18 岁中举 20 岁为翰林，从此这一族就变成书香门第了。启先生诞生于民国元年，因近代历史及家族的一些原因，启先生的姓氏也是有作为的：辞去了爱新觉罗皇家大姓，自小就是“姓启名功，字元白”。

启姓，百家姓中是真没有。但启先生既然姓启，按照中国人传统的称呼，同辈或晚辈学人称“启元白先生”就没有什么不对了。

也有些公共场合，启先生被称为启功。现在的传媒，无论怎样的大人物，一样是直呼其名。启先生是公众人物，按现在的习惯，好像也没有什么。不过有两件事，可见得启先生是不以为然的。

启先生有很多同辈好友，都是文化大家。有一位先生，习惯于“启功、启功”地当面直呼。中国人的名，是师长叫的；朋友相熟，不愿称兄，直呼其字，才是亲切。启先生的莫可如何，对于有名无字的我们，其感受需要比方一下。比方我有一个好朋友，坐在我车的副驾位置上，把鞋脱掉脚架在仪表板上——亲切有余，可有些令人消受不起。我们习惯上是不当面提意见的，那感受应当相似吧。

启先生晚年眼睛不好。出版社请求他为陈垣老校长全集题签。我们用电脑集了“陈垣全集”四字请启先生过目，先生用笔改画了样子：“陈援庵先生全集”，下署“受业启功敬题”。并且，“启功”两字低一格。启先生教我们：虽然出版社有设计、制版的过程，但我却是一定要这样写的。

20 世纪 80 年代，启先生自己设计一种名片，我印象深刻，附在一边好玩。这形式简之又简，是一张名副其实的“名片”。

启先生对人礼数周全，哪怕相处是晚生小辈。我第一次到先生家里，先生起来到门口相迎，令我惶恐。想想先生对客人都是这样，心里依然惶恐。先生送书给我，题字认真，我只好自己藏起来，不敢给别人看。

启先生有件手札：“刘墉于人无称谓，上款每书某某属，不得已而有称谓者，又无求正之语。曾见其为果益亭书联，上款题益亭前辈四字；为铁冶亭书册，上款题冶亭尚书鉴五字。故余于刘宧，但呼其名。”刘罗锅官大气势大，说话写字自信过度，有失文雅。这样，别人“但呼其名”，就是一件文雅有趣的事情了。

我服膺启先生，私下称呼老先生启夫子——老“老师”嘛，经纶满腹，风采循循，做事令如我口服心也服，说话能言常人所不能言。“学为人师，行为世范”，实为夫子之道。嘴上说起来，还是称启先生。

一位贵族后裔的人情世故

我平时爱说启先生如何如何，当朋友问崇拜启先生什么，一时一句还说不清楚。我自己想一想，想到一个故事。

国门初开，启先生访问港澳。那时候，出境都是公事，国家有专门的“出国制装”，一律是公款灰色西服。启先生和几位随同来到一位香港工商名人府上访问。进门人家就有利市红包，每位一个，首先就给启先生一个红包。夫子笑吟吟双手接下，口中称谢，随同也依样接下。在访问结束时候，夫子来到这家佛龛前（香港人家都有一个佛龛），口称吉祥，将红包献上。随同于是依样拜一拜，奉上红包，心中安详。这是个合情合理的故事，其实是个机智内敛的故事。

我崇拜夫子，觉得用这个故事能说明我对夫子的服膺。我们有为埋单打架的文化，也许，正在发展为逃单比聪明的文化。复杂的送礼、受礼等人情世故，怎样做得人人心安，是做人综合水平的测验。当年国内的月工资仅仅几十元人民币，是无法在港澳消费的。香港人送红包，一是有派利市的习惯，二是对大陆客人的体贴。这是人家的人情，却之不恭。夫子上门造访，事涉收钱，却又伤了本意。人人都说启先生为人随和、客气，夫子虽然从无疾言厉色，也从不丧失自己的原则。我总觉得，夫子这样的贵族后裔、文化通人，修养极深。对人谦恭有礼令人崇敬；内心的骄傲更令人佩服。精神的尊严，是从随和与通达中显露的。

其实那时候有人戏称夫子是礼品公司，因为他替学校、替有关机构写了太多作品。海关有规定，没有正式的手续，夫子的作品不得出境。有一次，夫子得意地说起，出海关的时候，关检人员问夫子：您没有随身带自己的字画吧，没有手续也不能通关。夫子变色说道：还真带了。海关人员的笑话说不下去了：这就不好办了。夫子制造的火候到了，于是举起手腕，摇一摇说：在这儿呢，不违反规定吧？这是一个诙谐的故事，淘气一把，大家轻松。

“贵人”与小人共同成就夫子

20 世纪初，中国有一些外国教会办立的大学。这其实是西学东渐的一个实绩。“以文会友、以友辅仁”的辅仁大学，就是在北京有影响的一所。中华人民共和国成立后被师范大学合并，旧址仍在。

启夫子幼年丧父，由爷爷、寡母和未出嫁的姑姑抚养。这样的孩子，本来就懂事孝顺，加上“贵胄天潢之后常出一些聪明绝代人才”（叶恭绰先生评价启夫子语），20 岁的夫子因为“写作俱佳”（陈垣老校长评价夫子语），经傅增湘先生推荐，来到辅仁教书。

来到辅仁，是夫子涉世之初，也是夫子生平最传奇的一段。夫子在这所大学三进两出，最后在这里教书一辈子，也在这里遇到了一生的贵人和小人。所谓小人也只是相对运主，勿解贬义。贵人和小人合作的命运双簧，分别由校长陈垣先生和属下的主管张先生出演。

老校长看启夫子能力，请他教附中国文——张先生看文凭，辞退。一个回合。老校长再仔细看，还是觉得启夫子的才学胜任，请他教美术系绘画——张先生仍看美术文凭，辞退。再一个回合。

老校长自己想了又想，没有收过启夫子的钱，真的只是认为这个青年有前途，三请他做自己的助教——这回张先生可能是烦了，不管这爷儿俩了。启夫子于是跟着陈老校长 39 年，教书 73 载，成为后来学界的“国宝”。

陈垣老校长，字援庵，早年曾任民国众议院议员，教育部次长，故宫博物院理事。是史学大家“南（寅恪先生）北（援庵先生）二陈”之“北陈”，长期担任辅仁和北师大校长。陈老校长长启夫子 32 岁，对夫子多有教导扶掖，夫子一生以老师、父亲之礼事之。

张先生为湖南人氏，生于 19 世纪末，与当时许多著名革命家同学，参加新民学会，参与“驱张运动”，好生了得。后来张先生出国勤工俭学，皈依天主教，考了好几个博士，回国进行教育救国。

陈老校长和启夫子的师生之谊，是一段教育佳话，在学界十分知名。“天地君亲师”，启夫子独得师字，最有师缘。

张先生中华人民共和国成立之前再度出国，从此就离开辅仁。张先生毕竟是影响启夫子命运的人物之一，夫子晚年，感到人生鞭策即将不再，为张先生写过一联。夫子“聪明绝代”，又长期在老校长鼓励、张先生鞭策的大学环境里，可以想见，这些都是夫子成就博大学问的重要因素。

80 年代的明媚春天

20 世纪 80 年代初，我和启夫子先后来到师大——这就是大话欺世，强于说“我的朋友胡适之”，捆绑大师以自重。也是说了好玩。实际情况是我进门上学，而教了 50 年书的启老师终于在学校有房子住了。不管怎么说，都是好事。

现在想来，那可是美好的 20 世纪 80 年代。

学校离二环很近，可依然是城边儿的样子，没有什么汽车，人也比较稀少，马路边上没有牙子，是一米多宽的排水明渠。那时学校显得安静，树木也多。梧桐的大叶子从路两边遮过来，形成一条绿色通道。行走其间，某株树上就吊一个蓝色小牌：什么树种，什么科目，什么拉丁文的学名。有人迎面走来，穿衣比较保守，精神面貌淳朴，目光坚定。如果是两三人，还互相讨论，比如诗歌、西方哲学，甚至真理。

我清楚记得，有一天看到启夫子一个人在路上走，那时我经人指点认得了夫子，还没有说过话。我立定了仔细看他，夫子一人走路的样子，像走又像是玩儿，可以说是“兴致盎然”。那种小孩一样的欢喜，也许就是“登欢喜地”的境界吧。

后来我留校，有机会替夫子法书拍照，留做资料，听夫子说话，看夫子写字，和夫子渐有交道。再后来，缘分殊胜，替夫子编书，而且住到了夫子楼后。无事路过浮光掠影楼，想到夫子大德只在咫尺，我也心生欢喜。有一天带着相机，拍了一张绿荫中的浮光掠影楼。

说回 20 世纪 80 年代，那是启夫子一生迟来的春天。夫子给学生做书法讲座，现场示范，写很多张字。学校小餐厅，挂六张夫子写的条幅。我还在上学，学校庆祝 80 年校庆，我们美术兴趣组参加展览布置。我们把夫子写的“校庆展览”大字，反过来直接涂上糨糊，贴在窗户上。有人说，启夫子的书法写满了师大校园。借用这样的夸张说法，也可以说，师大校园人人都有启夫子赠送的法书。那时的人没有商品意识，大家喜欢先生的字，就求夫子动笔，当时只道是平常。我有一个朋友，负责学校电话维修，也喜欢夫子的字。发挥从我做起的精神，这哥们儿拧松夫子的电话线，过会儿背着工具上门检修电话。夫子果然发现了电话的故障，看哥们儿忙上忙下之间，送了一件自己的作品。于是电话修好，哥们儿卷了夫子的法书回家。

启夫子平生经历几个特色鲜明的时代，20 世纪 80 年代后是光明珍贵的一段时光。夫子身怀绝学凡 40 年，“人不知而不愠”，终于可以用自己的学问做些事情，以慰平生。夫子在一首自况的诗中说：“昔日艰难今一遇，老怀开得莫嫌迟。”

启功：学为人师　行为世范

侯　刚

启功，字元白，满族人，1912 年 7 月 26 日生于北京。启功的始祖是清朝雍正皇帝的儿子，排行第五，名弘昼。封“和亲王”。其后代逐渐从王府中分离出来，至其曾祖时，家族已失去门荫，仕宦亦要经科举一途。由于父亲早故，启功自幼随祖父生活，11 岁时，祖父去世。此后靠母亲和未出嫁的姑姑负担全家生活。

启功自幼酷爱中国文史和书画，学习刻苦，但由于家境困难，高中未毕业便辍学。以后他一面教家馆，一面随戴绥之先生学习古典文学，随贾羲民先生学习绘画。1933 年经曾祖父的一位“门生”傅增湘先生介绍，他认识了辅仁大学校长陈垣先生。

陈垣看到启功的自学作业后，认为“写作俱佳”，便安排他到辅仁附中担任国文教师。然而不久，中学校长认为他中学尚未毕业就教中学“不合制度”，便把他解聘了。陈校长又把他推荐到辅仁大学美术系任助教，不足两年，美术系又以“学历不够”为由不再聘任。陈校长得知这一情况后，就特聘启功为辅仁大学国文教师，讲授一年级国文。从此开始，他始终没有离开过大学讲台。中华人民共和国成立后，他转入北京师范大学任教。他在教育岗位上辛勤耕耘了六十多个春秋，是我国著名的教育家，为祖国培养了一大批古典文学的教学和研究人才。他认为“为人师表”是世界上最崇高的职业。

所学足以为世人师

启功先生是我国当代著名书法家。但他经常对人说：“我的职业是教师，书法只是业余爱好。”他回忆幼年开始学习书法，不过是应付功课，而自己是想长大后成为一名画家。只是一次一位长辈命他画一张画，并说要装裱后挂在客厅，他当然感到十分光荣。但是那位长辈又说：“你画好后不要落款，请你的老师落款。”意思是他的字写得不好，这使他感到“受了很大的刺激”。从那时起，启功暗下决心发愤练字，几十年刻苦钻研，始终不渝，今日终成大家。书法界评论他的书作“不仅是书家之书，更是学者之书、诗人之书，它渊雅而具古韵，饶有书卷气息；隽永而兼洒脱，使观者觉得余味无穷”。人们常说：“书如其人”，启功的书法，正如他人一样，端正、崇实、平易近人，闪耀着智慧和风趣。

启功从小就酷爱绘画。他曾说：小时候看到过叔祖画的一大幅山水画，山水稠密，笔画精细，十分宏伟，又常见祖父拿过手头小扇，画上竹石花卉，几笔而成，感到非常奇妙，萌发了他长大之后做个画家的愿望。以后又受到老辈溥雪斋、溥心畬的关心和熏染，先后随贾羲民、吴镜汀先生学画。他不完全囿于先生的成路，而有自己的独特风格。他擅长画山水、竹石，很早就出了名，只是后来专门从事教育工作，忙不过来，只得忍痛罢笔不画了，所以除了他的老相识，很少有人知道他是画家。1985 年第一个教师节的前夕，启功用了一个暑假的时间，作了一幅一丈二尺长的《竹石图》，奉献给教师节。图中巨石岿然，瀑布倾泻，新竹拔节，枝叶繁茂，充分体现了人民教师的高洁无私和奉献精神。同年，应中央电视台的要求，又作《苍松新篁图》，向为培养新一代而辛勤劳动的教师、职工和未来将从事教育工作的青年们祝贺春节。他在画上题诗一首："从来造化本无私，喜见松苍竹茂时，抱雪凌阳嘉荫远，好培新篁长新枝。"1990年夏，启功为感谢香港友人对他筹集励耘奖学助学基金的帮助，作了八尺整纸的巨幅竹图，春、夏、秋、冬的竹子各一幅。这四幅珍品，实为无价之宝，现已赠送给贵宾楼饭店。

启功先生也是我国著名的诗人。他除在古典文学教学过程中对诗文声律有专门论著外，并著有《论诗绝句》《论词绝句》，以诗歌韵语的形式，对历代诗词名作和著名的诗词作者、作品内容、写作技巧与风格有所评论。近年又著有《启功韵语》《启功絮语》，在他治学、授业、评画之余，就生活中遇到的人物、事件、器物、风景抒发随感，作诗作词。正如他在《韵语》的自序中所说：这些诗"是许多岁月中部分语言的记录，一些心声、友声的痕迹"。他的诗词作品、文字深入浅出，字新意奇，亲切动人，读后使人得到的是一种艺术享受，回味无穷。

启功先生还是我国当代著名的文物鉴赏家和鉴定家，尤其对古代的书画、碑帖见识卓异，造诣精深。早在40年代，他就发表过关于文物、书画方面的论文，是很有名气的书画家，曾被聘为故宫博物院的专门委员，鉴定古代书画，审阅古史文献。1983年，他参与了国家文物局组织的国内七位知名专家组成的中国古代书画鉴定组，负责鉴定北京以及全国各大城市博物馆收藏的古代书画作品的真伪。经过近十年的辛勤工作，完成了鉴定任务，为保存我国珍贵的文物做出了重要贡献。1986年，又被文化部任命为国家文物鉴定委员会主任委员，可见他在文物鉴定界的崇高威望。

当前社会上发现许多伪造启功先生书法的赝品高价出售，经常有仰慕先生书法的人，拿着花高价买来的对联、条幅，请先生鉴别真伪。先生只风趣地说："写得好的是假的，写得不好的是真的。"有些朋友建议应当追查，都被先生劝阻了。他说："你们不要找那麻烦，造假字是历来禁不了的，何况人家也要吃饭呀。"也经常有人拿收藏的古代字画请先生鉴定，他说："我只对国家文物鉴定委员会负责"，对个人的藏品概不表态，因为古代流传下来的书画作品有许多不是"真"或"伪"两端就可以概括的。但是如果有人违犯国家政策，危害国家利益，他也决不沉默、放纵。近来就发现有人冒先生的名，进行古书画鉴定，并在赝品上以先生的名义题字落款，混淆是非。先生说："我对这种行为必须讲话，这与造我的假字不同，这是以我的名义欺诈别人，对这种犯罪行为，我要保留追究责任的权利。"

所行足以为后辈之范

启功先生学识足为人师，他的道德人品更是全体教师的楷模。先生收藏的砚影中，有一方古砚的砚铭为"一拳之石取其坚，一勺之水取其净"。先生就取"坚净"二字命名自己的书斋为"坚净居"。坚净二字正是他的性格和一生为人的写照。

启功热爱祖国的教育事业，尊敬自己的老师，关心自己的学生。为了促进祖国的教育事业，为了报答老师陈垣先生的培育之恩，延绵陈垣先生的教泽，为了使后学青年奋发向上，学业有成，他捐资 163 万多元建立"励耘奖学助学基金"，用以奖励资助那些学习、研究、教学卓有成果和需要资助的后学青年。这笔巨款是他义卖自己在 1988 年至 1990 年间辛勤创作的书画精品所得。为了创作这些书画，他不得不住进自己花钱租的招待所躲避干扰，他夜以继日地勤奋创作，直至过度疲劳晕倒而被送进医院。他决心完全凭自己的努力来完成这个义举，连字画的装裱费用都是他从自己平时积攒的稿费中支出。而在确定基金的名称时，他却坚决不用自己的名字命名，而是采用陈垣先生的书屋“励耘”命名。

教师是一种最具爱心的职业，启功先生对周围的同事、学生怀有一份发自自然的关心。他自己生活十分俭朴，但对学生、对同事、对学校却十分慷慨。除了设立奖助金捐资助学，对那些生活拮据的研究生，他总是把自己的博士生导师经费提供给他们购买图书资料。1982 年，他去日本访问，没有为自己购买任何物品，却用自己节省下来的全部生活费，购置了一部复印机送给了北师大中文系，解决了系里师生复印资料的燃眉之急。1996 年，他听说学校里有一些学生生活特别困难，就提出在“励耘奖学助学基金”的资助名额中增加 50 名专门用于这些特困生，并在全国政协大会上呼吁政府解决高校特困生的困难。他总是这样随时随地地关心着别人，奉献着爱心。

启功爱护学生还表现为对学生的严格要求。他经常结合自己的切身体会与学生谈论国家大事，从中培养学生的爱国思想、政治责任感和敬业精神。他自己从来是淡泊名利，严于律己，宽以待人。也经常告诫学生要有务实精神，不要贪图虚名。教导学生重要的是在本职岗位上做出成绩，老老实实做人、做学问，多写文章、著作，千万不要去争名夺利。他多次出国访问交流，每次他都严格要求随行的家人和同事遵守国家规定，强调要在国际交往中保持中国人的人格、国格。一次，美国一个博物馆邀请他去出席开馆式，他了解到这个博物馆里收藏的一些文物是从中国掠夺而得，就回绝了对方的邀请。他就是这样坚守着中国人的民族气节，维护着祖国的尊严。

启功先生学富五车，既有他天资聪颖，学绍名师的因素，更是由于他的勤奋努力，孜孜追求。他的原则是活到老，学到老，研究到老。如今他已 86 岁高龄，但人们仍经常看到他书房的灯光亮到深夜，因为他越来越感到时间不够用，他要把一生研究、学习的心得，尽可能多的留给后人。20 世纪 90 年代以后，他从汉语实际现象出发，总结几十年汉语教学实践经验，系统阐述汉语语法问题的新著《汉语现象论丛》已分别在香港和北京出版。最近，针对学生基础知识较差的实际，为研究生开设国学基础知识课，内容涉及文学、音韵、训诂、目录、版本、校勘、官制、地理、典章、典故、文化、习俗等，实为百家之学。并拟在讲授的基础上，撰写新的论文。

雍容揖让　贤者风范

——我眼中的周巍峙

卢　山

我是在1977年8月下旬认识周巍峙同志的。

有幸的是，在此后的20多年中，我除先后在艺术局工作数年外，从20世纪80年代初开始，曾在巍峙同志身边当过几年秘书；1988年离休后，又一直在他的领导下从事革命文化史料征集、编辑工作。虽说而今我也已届古稀之年，却依然跟随在他的左右，为史料工作作贡献。

就我所知，半个多世纪以来，巍峙同志在文艺工作的领导岗位上所接触到的人群真是多如繁星。凡与他交往过的同志，无不为他的贤者之风所折服、所倾倒。全国政协委员、广东省舞蹈家协会主席、我国著名舞蹈家陈翘给我讲了一些她自己的亲身经历：

1980年，文化部在大连市举办“全国第一届舞蹈（独舞、双人舞、三人舞）比赛”。由于这是粉碎“四人帮”之后第一次舞蹈专业比赛的盛会，参赛的单位有几十个，各地舞蹈界、文艺界人士及新闻、宣传单位的有关人员纷纷前往观摩学习、采访报道，致使偌大一个大连市的宾馆、饭店几乎全都住满，剧场里的观摩票自然也就非常紧张，不仅数量不敷分配，座次优劣也更难照顾周全。那时，陈翘是广东省民族歌舞团副团长，也在大连观摩，她领到的观摩票的座位竟然是楼上12排。这对陈翘这样一位爱国侨属，一位对祖国民族舞蹈事业和舞蹈创作十分执著、十分热爱的舞蹈编导者来讲，自然是非常懊丧和烦恼的。由于座位太远太高，看不清楚，她情不自禁地讲了一些气话。不料，此事很快为周巍峙同志所知。他作为大会的领导人，对这种情况深感不安，便在研究工作的会议上，要求改善票务工作，特别是对编导人员务必予以优待。舞蹈比赛结束回到北京后，巍峙同志还在百忙中挤出时间前往陈翘所住的饭店，去看望这位比他年轻得多的舞蹈工作者，而且是三顾其室才见到陈翘本人。这对许多领导人来讲是很难做到的。陈翘为此十分感动。

紧接着，同年年底，为了提高舞蹈编导的艺术修养和创作水平，文化部为这次参赛作品的作者举办了一期编导人员进修班，那次陈翘虽然并没有带作品去参加比赛，进修班本无她的名额，但出于陈翘对祖国民族舞蹈事业的忠诚和酷爱，巍峙同志还是特批她和温州市一位只有二十几岁的颇有舞蹈创作才能的业余编导李蔚蔚参加了这次进修班的学习，使她们获得了一次充实、提高自己的良机（后不久，李即转为艺术表演团体的专职编导）。

陈翘还说，她在1984年参加大型音乐舞蹈史诗《中国革命之歌》的创作。排练工作时，因为巍峙同志亲临挂帅，他们又一次相遇，而且相处长达一年之久。在这一年多的接触中，她亲眼看到巍峙同志非常注重深入群众，关心群众，结交群众甚为广泛，与演员、工作人员亲密无间，息息相通，甚至对许多人的脾气秉性、兴趣爱好、生活特点、工作能力、业务水平等都一一了然在心；不管谁遇到什么困难、问题前去找他，他都是耐心细致地加以疏导，予以解决，从不发火，更不推诿，所以大家都乐意与他接近。陈翘是个工作非常认真而又心直口快的人，只要一遇到烦心的事，每每挂在脸上，不掩不藏，若是正好被巍峙同志看见，他便会笑呵呵地问："刚才不是还风和日暖，出着大太阳，怎么现在忽然又晴转多云，多云间阴，快要下雨了呢？有什么困难快跟我说说吧！"就这么一句感人肺腑的话语，便能让陈翘顿时云消雾散，像竹筒倒豆子似的把满肚子的委屈和意见全都抖落出来。

其实，像陈翘以上所讲的事例，在巍峙同志的经历中，真是比比皆是。在我担任他秘书期间，亲眼目睹了他与干部、演员、群众那种水乳交融的关系。他的工作是那么繁忙，既要参加部内外一些必要的大小会议和各种活动，主持这样那样种类繁多的会演、比赛，又要审批部内各司局和各省、市文化厅局以及部直属单位送上来的一摞摞的报批材料，还要阅读一叠叠中央和国务院下达的各种文件。他在各种会议上的讲话，绝大部分都是自拟提纲，临场发挥，再由别人整理，他又反复思考，亲自修改，十分认真，这方面也花去了他许多时间。他每天工作都长达十几个小时，甚至连我这个天天跟在他身边工作的人想要向他请示、汇报一些什么工作上的问题或急事、要事，也还得见缝插针。但是他对群众却是来者不拒，只要不是正在开会，如果有群众来访，他都尽量接待，绝不拒人于千里之外。他与那种"人难见、脸难看、事难办"的作风格格不入。正是由于这样，文艺界许多人有事都愿意向他请教，找他商量，求他帮助，让他指点。每逢见面，都亲昵地直呼他老周、老团长或巍峙同志，围着他说这说那，不肯离去。

人们不仅到办公室里找他，而且更喜欢到家中去找他。因为在他家中谈事，气氛更好，更自然，更开怀，还可以谈得更透彻。而他呢？也觉得在办公室谈显得有官气，容易使人感到拘谨，不亲切，不敢敞开思想，特别是有些文艺家是不太喜欢见官的，所以他常主动约请一些人到他家中交谈。他的家里真可谓座上客常满，杯中茶不空。此外，他还经常走出家门，主动到一些同志的住处去登门造访，或商谈事情，或听取意见，或嘘寒问暖，或探视病情。他更爱和文艺界的挚友一起品茗闲叙，评古论今，海阔天空，无拘无束，和谐温馨，其乐融融。

他所交往的人群中，既有中华人民共和国成立以后与他共事或在他直接、间接领导下的同志，也有中华人民共和国成立前20世纪30年代或抗日战争、解放战争时期与他并肩战斗过的老战友、老部下、老相识。对于所有这些同志他都以诚相待，而对于文艺界那些耄耋老人，他就更加关怀备至。像巴金、贺绿汀、于伶、袁雪芬等，他每次出差到上海都要抽空到家中去探望。北京的冰心、曹禺、丁玲、艾青，还有张庚、启功等，他也常登门看望。他不是以一个领导人的身份去关心一下老人，而是以晚辈、学生的身份去看望这些文化界的前辈。他对他们十分敬重，若有事还真诚地向他们请教；他们要办的事，他也尽力去办。钱君匋先生是20年代的老文化人，善作书籍装帧，善画善书善篆刻，解放后没受到重视，还被戴上种种帽子，周和他并不熟，但知道他的学术成就及其对出版工作的贡献，便于年前专程访问，并带去北京美术界、书法界同仁对这位92岁老人的问候，谈起30年代文化工作的情况十分欢快，并相约去看以钱命名的艺术馆，但很遗憾，没几个月钱就故去了。田汉同志去世后，周把田汉许多生前往事常挂心间，按照夏衍生前的嘱咐，对如何研究田汉的创作道路和发扬其革命作风问题比较重视。前几年和文艺界的老人们一起曾为成立田汉基金会的事作了很大努力，四处奔走，终于得到中央的批准。他还亲自向宝钢领导集资共同建设田汉基金会，并为纪念田汉诞辰90周年举行隆重的纪念活动，受到了中央和各界朋友的重视。我还亲眼看见马彦祥同志生前有一次在文化部开完会拄着拐杖从会场出来时，巍峙同志急忙上前搀扶，一直把他送上汽车。

巍峙同志也是一位重感情的人。原西北战地服务团的邵子南是小说《李勇大摆地雷阵》及长诗《白毛女》的作者，因不治之症，30岁时不幸早逝，在邵诞辰80周年时，巍峙同志还专程赶到四川资阳市邵的家乡去参加纪念活动，看望邵的亲属，表达了老战友之间的一片深情。在周扬病重到故去的几年间，他和王昆多次前去看望，是慰问是尊敬，更是带着深深的遗憾，心情十分沉重。

他就是这样，以自己真挚的感情，博大的胸怀，火热的心肠，谦和的作风，为党团结、凝聚着文艺界一代又一代的人群。正因为在他心里永远装着这许许多多的男女老少，因此，这些天南海北的人们也都常常牵挂、惦念、依恋着这位永怀赤子之心的老黄牛——周巍峙。

当然，这并不是说在文化部系统或文艺界就没有反对他或对他有意见的人。由于他长期处于领导岗位，每天所接触的人必然是各种各样，不仅水平能力不同，思想观点不一，而且处世态度有别，品格气量迥异，但“君子不以言举人，不以人废言”，巍峙同志从来不以个人好恶影响他对原则问题的处理，或单凭某些只言片语固定看人。对于那些反对过他，或以恶言恶语刺伤过他的人，他总是心平气和、客观对待，不意气用事去加以排斥或随意褒贬，或置人于沟壑。对在“文革”中批斗过他甚至个别打过他的青年人，他都加以谅解而不记恨。即便是极个别的在背后搞阴谋诡计品质恶劣的人，他虽心中有数、是非分明，但也仍按对方的工作能力安排适当工作，决不因自己受到伤害而挟嫌报复。他听到不少同志说他是“东郭先生”，他也一笑了之，不以为意。

记得1979年，部直属单位有一位干部很想调到部机关来工作，可是却一边送申请报告，一边扬言：“我若是调到了文化部，只要一个星期，就能把周巍峙搞倒。”按理，巍峙同志明知此人心怀叵测，完全可以不批准他到部里来工作，免得给自己找麻烦，但他并没有那样做，而只是考虑到这个同志到部里来专业对口，于是便同意调进部里工作，就像没发生过任何事情一样，后来还将这个同志和其他老处长一起提为司局级的干部。事后我们问他怎么这样宽宏大量，他慈祥地笑笑说：“他并没有把我搞倒，事情过了就算了，何必和他计较。”

1981年，巍峙同志刚刚担任文化部代部长，便遇到了电影《太阳和人》的事情。他对这部片子存在的问题一开始便十分重视，而且抱着非常严肃、认真、慎重、负责的态度，在征求各方意见的基础上，经部党组集体研究，报请中央批示后，进行了妥善的处理。关于这个情况，文化部机关的许多同志都很清楚，但竟有个别人向中央告状。对此，巍峙同志既不作任何追究或解释，也不存些微芥蒂，更不伺机报复，只是让它随着时光的消逝而逐渐淡忘于脑后。

巍峙同志对他身边的工作人员也是既严格又宽厚。严而不厉，宽而不纵，豁达仁厚，亲如家人。20多年来，先后在他身边当过秘书和司机的人，总共有七八人之多，其中男女老中青全有，但不管谁在他身边工作多长时间，也不管谁已离开他若干年月，他都始终一一挂在心上，时常予以关怀和垂询。我们当面都叫他巍峙同志，背后却尊他为“老头儿”，只要一提“老头儿”，就都知道指的是他；即便是在他面前说话时偶尔露出了这个专用的代名词，他也习以为常，笑呵呵地听我们在他跟前谈天说地。每年春节正月初一，他还专门把我们这几个人邀到他家中去聚会。这自然是他对我们的关爱，我们也乘机给他和女主人王昆同志拜年。这天上午，巍峙同志从大会堂团拜回来，我们便都在他家集合，亲亲热热地把他团团围住，自由自在地坐在沙发上，呷着淡淡的茶水，说些让大家都很开心的事儿；中午吃上一顿美味多样、新鲜可口的午餐，喝上几杯好酒，在餐桌旁还能听到王昆同志讲几则使人捧腹的笑话；午饭后几位男同志再陪巍峙同志打上几圈桥牌，然后尽兴而散。这已是我们多年来形成的“传统”，至今仍在继续。

前年春节，在巍峙同志家过年，听晓田同志讲了一桩他当秘书时的逸事：

1985 年 8 月中旬，巍峙同志要赶往哈尔滨市去主持一个全国性的活动——聂耳、星海声乐作品演唱比赛。晓田托人买好火车票以后，就告诉巍峙同志票是 15 日的。15 日上午，司机小陈开车把他和晓田送到北京火车站，然后他们二人便提着简单的旅行包，一前一后，低着头径直往检票口走去。当走到检票员面前时，巍峙同志伸手递上火车票，检票员拿起一看，马上又把票还给了他，客气地说：“您的票是明天 16 日的，今天不能走，请明天再来。”巍峙同志一听，稍愣了一下，不用看票就已经明白了是怎么回事。于是，二话没说，回头就又往出站口的方向走去，准备回家。当时，晓田自然有些紧张：自己怎么这样粗心？虽说交代人家买票时是说要买 15 日的，可是拿到票以后怎么也没有仔细看看？今天竟让“老头儿”到火车站白跑一趟，这岂不是罪过！可是，再扭头一看，巍峙同志的脸上居然连一点儿火气也没有，一句埋怨的话也没说，就像什么事情也没有发生过，神态自若，信步走去。出站一看，司机小陈已无踪影，早就把车开走了。二人无奈，只好叫了一辆出租汽车返回。巍峙同志跟晓田笑笑说：“咱们这是作了一次没有目标的旅行。”

晓田讲完以后，大家都笑他“马大哈”，我也乘机调侃，问巍峙同志怎么不狠狠骂晓田一顿，让他好好长长记性？巍峙同志却笑眯眯地说：“他自己已经知道错了，我又何必再说！”

其实，我在当秘书的时候，做的傻事也不少，巍峙同志也从不责备。

现在，巍峙同志仍不负党和人民的委托，殚精竭虑，担当着中国文联主席、全国艺术规划领导小组组长和文化部党史资料征集工作委员会主任等领导重任。我和那些在他身边工作的朋友们，都愿将“健康长寿、吉祥如意”这八个大字奉献给他，以表示我们对他的一片爱心！

记学术勤奋生活淡泊的周培源

梁从诫

周培源先生是我父母生前的挚友，又是父亲梁思成20世纪20年代初的清华同学。当年的清华学生有极强的团队精神和集体自豪感，只要一提起“我们清华”，那简直是神圣不可侵犯。30年代，我还是小娃娃时，在几位交往最深的北大清华教授之间，子女们都把长辈们互称为“爸”和“姨”。因此，周老对于我来说，从小就是“周爸”，父辈则一直称他“周公”。后来，人生的经历又曾使我有过一段和他相当接近的生活。然而在他去世后，当周家姊妹要我写一点对周老的回忆时，我却忽然发现，从纯粹家庭生活的角度来描述他，竟是多么困难。这可能是因为，他虽是一位杰出的科学家和教育家，在生活上，他却太“平常”了，平常得让人想不起该怎样刻画他才好。在我所熟悉的许多老一辈著名教授学者中，包括我自己的父母在内，像周老这样，办事能力这么强而又这么随和，生活上兴趣这么广而自奉又如此淡泊的，他几乎是仅有的一位。

我开始记事，已是抗战时期了。当时，原北大、清华、南开的许多教授都迁到了昆明（西南联大），过着一种他们原先所不熟悉、不习惯的艰苦生活。很多教授夫人，甚至教授本人都得学着到市场上去讨价还价地买米买菜，要卷起袖子洗衣、做饭……比起如战前清华园中那样舒适的生活来，不少人一时难以适应。如著名的逻辑大师金岳霖教授就老爱讲自己在联大教授单身宿舍煮挂面的笑话：往火上坐了一锅凉水，把面条下了进去，盖上盖子，等啊，等啊，老不见动静，却发现锅盖被“慢慢地顶了起来”，觉得好生奇怪。打开一看，“咦？面条不见了，却看到一锅糨糊，没法子，只好把糨糊吃下去！”但是周老却很能应付这种局面，当时周姨生病卧床，他却把生活料理得很好。那时，为了躲避敌机轰炸，许多教授都住到了昆明市郊乡下，周家则住在滇池边，西山脚下的一个小村子里，离他每天去上课的联大校舍好几十里路，当时又没有什么公共交通。他年轻时会骑马，于是便从老乡手里买了一匹，不仅自己每天骑马上班，还要在鞍前鞍后带上大妹、二妹两个女儿到邻村去上小学。周教授如此“单骑走联大”，也真可算是当年昆明“一景”！这种事，是别的教授都做不到的。由此，引出了金岳霖教授后来最爱开的玩笑之一：如果有一天我们这批教授困在一个荒岛，大概第一个死掉的是叶企孙，第二个就是我，他比我还不行；梁思成也许能活得久一点，可身体不好，最后唯一能活下来的，大概只有周公了。

1939 年冬，我们家从昆明又迁到了四川李庄，两年后周老全家从昆明去了美国。这些事，当时作为小孩的我只不过模模糊糊知道一点。关于他在美国以及我的父母对他为人的评价，我第一次获得的深刻印象，大约是在抗战结束，我们迁回北平后的 1946 年末。当时内战正酣，国内物价飞涨，民不聊生，清华园里教授们的生活非常清苦。一位在昆明和我们家共过患难的北大教授来访，聊天中谈起当时全家尚在美国的培源先生。这位教授说了一句：“我看周公是不会回来的了。”不想对这句随口说出的话，我母亲林徽因却突然变色，厉声对这位老友说道："周公一定会回来的！"母亲解放前历来不十分过问政治，也谈不上有"进步"倾向。她在"周公是否会回国"这个问题上突如其来的激动，使坐在一旁的我这个中学生吃了一惊。自然地体会到，在我父母的心目中，周爸的品格必有其不同寻常的地位。因此，当1947年周老真的如母亲所预言的那样，举家回到战乱中的祖国，并来我家看望的时候，我曾怀着一种好奇和敬佩的心情，想看看这位我已记不太清的周爸究竟是一副什么气概。

不久，国内形势突变，辽沈、淮海战役之后，解放大军兵临城下，北平即将解放。1948年12月13日，解放军前锋到达清华园一带，北平守军龟缩城内。一时间，清华曾处于"真空"状态。为防止国民党败兵和附近地痞流氓趁乱打劫，清华决定组织师生巡逻队，保卫校园。教师中，带队的就是周老。当时，他家中有几支一位外籍教师回国前留下的猎枪。周老，这位当时已是享誉中外的物理学家，就每晚掮着猎枪，领着学生彻夜在校园里巡逻。我母亲得知后笑着说："Typical 周公！除了他，这还能是谁？"赞美之意，溢于言表。

北平解放时，解放军举行入城式。周老并未被邀观礼。但他却和女儿一起，一大早就从清华园骑车进城，在前门大街五牌楼旁，挤在人群中站了大半天。

解放后，他在清华、北大和科学团体中先后担任了重要的领导职务。他的工作愈来愈忙，社会地位也愈来愈高。但他在日常家庭生活中，却仍然是那样平易、淡泊、随和；他不沾烟酒，对饮食也毫不挑剔，从不要求任何特殊的享受，也不为任何个人的业余爱好而分心。在他身上，看不到在其他"大知识分子"那里有时难免的"名士派"作风和某种怪癖。他非常勤奋，生活很有规律，只要在家，主要时间都在他的书房里工作，极少与人闲坐闲谈。但绝不是那种不懂得生活乐趣的“书呆子”。他的兴趣其实是很广泛的：年轻时不仅爱骑马，而且爱打猎，家中墙上曾挂过一只他当年在山西猎得的鹿头。20 世纪 50 年代，有一次他忽然来了兴致邀我和他的大女儿凌晨去圆明园废墟里打野鸭，我们在水塘边草棵子里趴了好几个小时，我是连一根鸭毛也没见着，他毕竟是个老猎手，竟在乌黑之中打中了一只猫头鹰；他爱运动，50 多岁时还曾和女儿一起到未名湖上溜冰；他们夫妇都喜欢古式家具和字画，20 世纪 50—60 年代，这些还没人“炒”，他们还能不时用仅有的一点积蓄买些自己喜爱的字画，但从不“发烧”，所以才会在晚年将自己的全部收藏无偿捐赠给家乡的博物馆。

周老的平易表现在他生活的几乎所有方面。在家里，他对待晚辈非常平等，从不训人，更少有疾言厉色；一些学生、同事来访即使有他所不赞成的言行，也总是用商量的口气进行说服，没有提高过嗓门。其实，有许多事他并非真的不动感情，但他从不感情用事。常常地他参加某个会议，或与某负责人谈工作回来后，会长时间地沉默不语，显然心情沉重。但作为晚辈，我们却极少听到他发牢骚、背后埋怨别人。在我所认识的老一辈学者中，他在这方面是特别严于自律的。

“文革”中，周老曾受到许多不公正的对待。那时我和他已没有什么联系了，对他的处境不大了解。但就在当时，当社会上有种种关于他的传闻时，我也深信，他那种急公好义、正直不阿的品德，是不可能因为几张大字报、几条大标语就可以被歪曲、被抹杀的。

周爸离我们而去了，但他的形象在所有认识他的后辈心中，是永远不会泯灭的。像他那样勤奋于学术和事业，而在生活上又能如此平易、淡泊的大学者，恐怕是不多见的。

检点诗魂 惓思费老

——我记忆中的费新我先生

王禹时

20世纪驰誉中外的著名书画家，我崇敬的老学者费新我先生，辞世已十年了。2003年是先生的百岁诞辰，先生的三公子之雄，在整理先生移笥中，整理出1981—1991年十年间，我写给先生的17首诗词，这引起了我无限深情的记忆。

新我先生是出身于布衣的书画大家，是一位平民学者。在1981年5月的全国书法家第一次代表大会上，我和先生成为忘年之交。当时，我是工作班子中的简报组组长。

大会开幕的次日清晨，我见到新我先生正在一棵槐树下练气功。他微闭双目，臂、腿随身体呈圆周形地舒展旋动。那种神态和动作，真如一团清烟，围着先生在飘动。我看得入迷，又不敢惊动先生，只在他近旁轻轻地模仿。全套路功夫做完之后，先生向我拱手一揖，互通了姓名。先生告我，此功名“浑元一气”，是在南京紫金山一位道士那里学得的。此功是以吐纳为主，取一气两仪，五行八卦，天人合一，吐浊纳清之说，最适合老年人和脑力劳动者群体。从那天起，大会期间，每晨我都随先生练功，和先生互陈思想与学问。使我敬佩的是先生不仅是一位书法家，而且是一位旁通经史、思想深邃的学者。他主张，作为书法家，并不是能写一手好字，就可得此桂冠，若如是，明清时代读书的人，全是书法家了。先生说，书法能够成家，首先是人品、学品和书品的结合，也就是首先是个道德高尚的人。就是在旧社会，人们到街角找一位代写书信的先生，也是要找老实厚道的、人品好的人。

谈到老人为何名讳称新我时，先生就给我讲起《大学》开宗明义第一章来。当时已是80多岁的费老，思想开明，他认为，社会是不断进步的，所以《大学》一开始就讲“苟日新，日日新”，人类的一切都要不断昌明，艺术也是一样。他改名新我，也就是取不断前进之意。他认为，能够跟上时代，能“日日新”，就得刻苦学习，自己底蕴不足，那你想日新也新不起来。那天他展开宣纸，为我写了一句庄子的格言：“水之积也不厚，其负大舟也无力。”在大会要结束时，先生为我写下了两句清代名联：“治家有道唯存厚，处世无奇但率真。”

第一次书代会后，我为答谢先生对我的赠言，送先生一方汉瓦当砚为念，并赠送费师《南归绝句》三首。

前生应卜菩提缘，一会灵台万种禅。
花雨红尘应顿悟，浑元率直左云天。

忘年有我敬新我，新我赠余处世篇。
日下江南相忆梦，清光华翰惹魂牵。

月照未央夜正阑，可怜残瓦出清泉。

草庐曾佐灯前客，吩咐随师走江南。

中国书协成立后，先生在苏州连续给我来两次信，并寄给我一帧格言：“养其气日益宏大，尊所闻至于高明。”

上联出自《孟子》：“吾善养吾浩然之气。”下联出自《汉书·董仲舒传》：“曾子曰，尊其所闻，则高明矣，行其所知，则光大矣。”我明白，先生在告诫我，在被人污辱时，要从其不善言辞中，总结出自己的高明。要善吾浩然之气，弘扬自己的奋发精神。第二年先生来京时，我向先生谈了我的体会，先生提笔写给我一句话：“气骨真当勉，规模不必同”，下缀四小字曰：“平淡天真。”先生的解释是：做人要讲道德，道德内涵极深，它使中国绵绵延延，立于不败之地，能达此境界的人，就要讲气骨，而气骨形于世界的则是平淡天真。当然，此中也包含学问、书法。做人要学习楷模，学书要临摹，但不能亦步亦趋，要神似，而不必形似。

1981 年 9 月，我公出苏州并去拜见先生。那是下午，我步入干将路 291 号新我先生寓所。我最感动的是，80 多岁的老师母，似乎一见如故，她紧紧握住我的双手，慈祥的双眼深情地端详着我，她嘴里不断地说着我听不懂的吴兴话，是热情，是赋予我像对待她那么多子嗣一样的母爱。先生向我解释，他们有六位公子，英年早逝的长子和我同龄，先生从北京归来，不断向老师母讲述，遇到我这样一个天缘投契的忘年书生。先生在口头禅中，爱说：“没想到。”我就成了两位老人此生中“没想到”遇上同长子一样的知己。

这是枕河的典型江南水乡粉墙黛瓦的建筑。二层小楼，楼上是书房，诸子百家、唐宋诗文，特别是清代诸家诗文集，真是琅函满架，书香四溢。楼下前厅是先生的客厅也是书画室。我记忆最深刻的是先生手书明吴门大家唐伯虎《清江引》曲中的一联："兰蕙蓬蒿看来都是草，鸾凤鸱□算来都是鸟。"一个人能悟到，无论高下尊卑，也不过都是鸟、都是草，或者都是人的境界，就会少多少寡廉鲜耻的事情。

整个下午，先生都在高兴地与我谈论学问。他要我"千古亮肝胆，一生硬骨头"，他说，亮肝胆和硬骨头，也要讲求功夫，那就是"外柔内刚""外俊内硬"。他以浑元一气功为例说："老庄哲学都是从太极伊始，太极是圆形，圆形是无端、无始、无角、无方、无物的，但其中又有千变万化，无穷的物象。有丝竹钹鼓，也有剑戟刀枪。"因而一个人为官、做学问、学书法，非炼至这样火候，才能成功。

回到寓所，我伏在灯下，疾书成一首自度曲《酷相思》，后半阕有这样几句："白发红心，墨沈飘香，何幸王郎，得江淹彩笔，梧桐树下，一阵心酸，别泪成行。"并成《苏州拜别新我师》七绝两首，从镇江寄给先生。

象外环中非偶然，干将桥畔月初圆。
钟声杳杳寒山寺，漱石枕流南北天。
文章锦绣笔如神，不为帘栊俯仰人。
鹤发随风迎好雨，王郎归载一船春。

后又将自度曲《酷相思》寄给先生。回京后收先生来信。他对诗词称赞之余，提到昆曲，提到宋词是要唱给人们听的，因此在平仄声韵上必须严格词牌曲律。先生的饱学令我折服，于是我又将改过的两首《酷相思》寄给先生。

（一）

落尽槐花傍桂树，觅仙庄，吴钩路。喜堂阁融融杏坛晤，叙往也，倾思慕，传道也，倾思慕。师母耄耋亲为脯，蓦仰首，前因悟，恍层岭春晖同舟渡。师送我，灯光处；我去也，风波处。

（二）

狮子林旁踯躅步，还忆诵，耳边语。扫多少酸辣肮脏气。听到的，仁德事，看到的，仁德事。世界浑元谁得驭？无始末，无方度，盛多少干将莫邪具。当学也，我能欤？难学也，谁能欤？

1982 年 1 月 17 日接先生信，言 18 日 14 次车来京，将东渡日本大阪，举行个人书展，希我到车站迎接。北方恰三九寒天，因主办单位无人来接，先生感冒风寒，到北纬旅馆后，我为先生切脉，开了两服中药，煎服后，翌日方退烧。旧历除夕前日，先生登机赴日，行前为我留墨幅一帧：纸中用淡墨画了一个圆圈，在湿润的圆圈上写了八个字："得其环中，以应无穷。"这深奥的圆周八字中，是先生针对我的性格谆谆告诫的修行之道。

1984 年 12 月 4 日，先生在北京中国美术馆举行个人书展，下榻华侨饭店。在此期间，先生为我除讲到书事活动外，仍告诫万不能走自我标榜、招摇过市、弄虚作假、捞名捞利之路。书家要立德立品，否则，人家将你的作品悬于厅堂，见其字，想其人，该是何等滋味？先生临离开北京时，将他对我的告诫归纳为十个字："学书先立品，墨光应照人。"后来，我以这十个字为标题发表了一篇文章，几位书坛朋友读过此文后，都给我来信，赞同先生的品德和主张。

1985 年 7 月，国际饭店请先生作字，先生夫妇来京住解放军总政招待所。先生还未忘记两年前，我向他提及的"南费北启"的话，他提出要我带他去看望启功先生。7 月 2 日下午，刚刚下过一阵雨，我们的车走到新街口外时，我突然看到启先生提个公文包走在人行道上。车停住后，我下车向启老致问，并说："有一位江南的老先生来拜会您。"启老幽默地说："江南？他不是刚刚在美国被刺吗？"启老听说是费新我先生来访，高兴地上了车。原来他是想去新街口复印两部日本的作品。

在启老的书画室，两位书界泰斗，从年庚谈起，十分相契。费老说："我生于癸卯，可能要比你年长些。"启老说："我生于1912年，属耗子的，小你九岁。小兔和耗子都属于胆小动物。"两人都笑起来。先生送启老一支特制的羊毫笔，启老非常高兴地说："看来你和我一样，都是喜欢用羊毫的。"那天一个多小时的相会，两人从书道谈到文物，从文物谈到社会活动，似乎有许多深层话并未倾诉。但这总应该是书界的一件逸闻。

后来，启功先生为费老咏诗二首，是对先生作书成就的中肯评价。

其一是：

秀逸天成郑遂昌，胶西金铁失森翔。
新翁左臂新生面，草势分情韵倍长。

其二是：

烂漫天真郑板桥，新篇继响笔萧萧。
天惊石破西园后，左腕如山不可摇。

1986年是先生活动相当频繁的一年。这一年里先生给我八封信，都是他去南京、杭州、衡山、张家界、岳阳等地之事。还因心脏不好，住过一次医院。奔90岁的老人，如此辛劳，确要具备一番毅力的。他6月2日来信告我："我冬春加上气管炎，仍然案牍劳形。人家反当我养生有道，来问道者大有人在。其实已到年龄，冷暖自知了。"接着，写给我四句诗。

练字意通练身，兼练内外相乘。

若还心萦私利，就难养气凝神。

先生这是用诗的形式，嘱我练字、练意志、练身体、练内外功。他在信中告我："内外功，有户外室内之义，有外练身体，内练气功之义"，但更重要的是："谨慎无畏，不萦私利。"

1989年4月4日，我偕妻玉岚赴苏州看望先生和师母。登堂时，先生正在作字，师母在厅堂一角摘一堆旧衣拆下的骆驼绒。我们的到来，二老如临喜事。先生向我讲述了浙江湖州双林镇为他建"费廊"的胜事，家乡为这位学者建了一座园林式的长廊，有亭、有碑，到处镌刻着先生的作品。先生将即要勒石的一首四言诗征求我的意见，全文是：

未冠从商，徒满内职。

卅二学画，五七左笔。

一争艺缘，一夺艺血。

罕望难能，我意则决。

苦思真诚，难也可克。

缘木求鱼，鲵竟两出。

也感迟暮，紧步葆摄。

手卷补智，万里增识。

墨海苍茫，破浪无极。

倏忽老矣，勉鼓余热。

这二十句仄韵的四言古风，写尽了先生一生孜孜以求、奋斗不息的历程。这篇碑文无疑会激励一代又一代的人们披荆斩棘。我考虑到前两句应点出家乡以及奋斗之地，提出希望将前二句改为：“少小离乡，沪上谋食”，先生听后，连声称好，拍案敲定。

1991 年冬，我将去澳大利亚，是一次时间较长之旅，先生在中科院工作的五公子也要去加拿大读博士后。为此，先生和师母特意来京送行。11 月23 日晚，我去其五公子家拜见二位老人。那天，满室情绪都很阴郁，先生紧紧与我拥抱，他清癯瘦削的面容，瘦弱的双臂，胸中一颗伟大学者的心脏和有些急的呼吸声，使我簌簌地流下泪来。大约有 20 分钟，先生怔怔地看着我，他只是微微叹气。师母坐我身旁，低低地说了些我听不懂的吴音。在晚餐的席上，先生问了许多话，他希望我早些归国。他说了几次：“你去了……我会想你的。”“我会想你的！”“我少了一位饱学的知己！……”

我临告辞时，先生从旅行包中，取出一个用红绳包扎的报纸包，墨书一个“禹”字。我打开看时，是两套线装书，一是道光版的《随园食单》，一是光绪版的《诗韵集成》。题签都是先生年轻时代的手迹。我知晓先生的深意，让我写出更好的诗篇来，同时，不要忘了身体，要像诗人袁子才那样，美食养身。先生说：“禹时，这两部书就是我对你的希望。”

1992 年 8 月 22 日，我飞归祖国，来迎接我的是长子鲁锋，他第一句话就告诉我：“爸，你不要悲痛，费爷爷于今年的 5 月去世了。”孩子告我，怕我在海外闻此噩耗，过分悲伤，所以未敢告我。当时他以我的名义，给苏州发了唁电。

1993 年 8 月，我特往苏州吊祭。那天下午是在干将路 291 号，先生自署为“双鹤居”的黑大门紧锁闭着，我几次叩着大门，但是寂无人声。在路对面杂货店老板娘帮助下，我在大门上贴了一个纸条，写明来拜祭先生和下榻的寓所。傍晚，先生的六公子昌潮来见我。我们在长时间的晚餐中，请他谈了先生的病中情况，当我听到先生在弥留之际对我的怀念时，我感叹至深。在返京的火车上，我成七律两首，并发表在《人民日报·海外版》上。

（一）

十年三上干将桥，今日重来夜寂寥。
槐叶萧萧秋哽咽，水流汩汩雨轻飘。
慢敲鹤户心哀戚，几度渔梁血涌潮。
立雪常温诀别卷，寒山一棒路迢迢。

（二）

率直天真谁堪侣，道德书画世高标。
吴钩曼舞胸藏壑，越锦挥扬手带涛。
天籁狂疾吐雷电，辛勤呕血作云翘。
故山归去留遗迹，气是春霖情是豪。

万古不磨意　中流自在心

——饶宗颐先生印象

左　文

饶宗颐先生学贯中西，学艺双馨，一生所获荣誉和头衔，不计其数。世人多以“东洲鸿儒”“汉学泰斗”“东方达芬奇”等尊号称之。但在饶老心中，最有分量的也许莫过于“中央文史研究馆馆员”这一身份了。2009 年 1 月 16 日，温家宝总理在中南海主持仪式，聘任饶宗颐等五位德、才、望兼备的耆年硕学之士为中央文史研究馆馆员，饶老因此成为首位获此殊荣的香港学者。面对总理亲颁的聘书，饶老难掩激动之情，在对国家的重视表示感谢后，更表示会将由总理亲笔签名的中央文史研究馆馆员证书存于家中，作为传家宝让子孙代代相传，永远珍藏。

学问要“接”着做，不能“照”着做

人们常以“万古不磨意，中流自在心”来形容和概括饶老，但殊少

有人知道这一著名联句的出处及其真正含义。其实，这一联句主要指的是饶老对于做学问的态度和追求，是对先生倡导的“学问要接着做，不能照着做”这一观点的诗意提炼。“接”着做便有所继承，“照”着做则仅仅是沿袭而已。为了勉励学生们薪火相传地“接”着自己做学问，饶老曾郑重其事地赠诗给他们。

更试为君唱，云山韶濩音。
芳洲搴杜若，幽涧浴胎禽。
万古不磨意，中流自在心。
天风吹海雨，欲鼓伯牙琴。

2007 年在接受凤凰卫视的专访时，饶老对这一联语进行过阐释：“不磨”即是古人追求的立功、立德、立言三不朽，“中流”意为立于水流中央岿然不动，“自在”则意为自己站得住的独立精神。大而化之，就是要与时俱进地追寻中国学术赖以生存的本土心智，追寻博大而富有超越性的大智慧。齐白石尝有言曰：学我者生，似我者死。可谓大师所见略同。

饶老毕生的学术研究表明，“万古不磨意，中流自在心”已经内化成了他学术追求的精神信条。饶老早年以治地方史志为主，中年以后兼治四裔交通及出土文献，壮年由中国史扩大到印度、西亚以至人类文明史的研究，晚近则致力于中国精神史的探求。至今已出版论著 50 余部、论文 400 多篇。根据饶老自己的归纳，其涉猎领域可分为“敦煌学”“甲骨学”“词学”“史学”“目录学”“楚辞学”“考古学”（含“金石学”）、“书画”等八大门类。权威专家对他的评价是：饶氏治学，“几乎没有一个时代是‘交白卷’的”，“只要触角所及，莫不一针见血、入木三分”。也就是说，饶老在所涉猎的研究领域，莫不有天下公认的创见。据统计，饶老在学术研究上拥有50项第一，诸如，1949年，在中国现代的地方学编纂史上，首开现代科学编纂体例；1956年，研究敦煌本《老子想尔注》之第一人；1959年，率先编著殷代贞卜人物通考之第一人；1960年，撰写宋金元琴史之第一人；1963年，首次从文献根据上提示韩愈诗歌受佛经文体影响；1969年，讲有关越南历史的《日南传》之第一人；1969年，首次编录新马华人碑刻，开海外金石学之先河；1970年，辨明新加坡古地名以及翻译译名之第一人；1970年，利用《太清金液神丹经》讲南海地理之第一人；1974年，首次提出“海上丝绸之路”一概念；1975年，利用中国文献补缅甸史之第一人；1976年，在南国学人中，是第一位翻译、介绍、研究《近东开辟史诗》的学者；1990年，首次将陶文“○+”证明为“羊”的象征……

饶氏为人修学的“三境界”

王国维在《人间词话》中说：“古今之成大事业、大学问者，必经过三种之境界：‘昨夜西风凋碧树。独上高楼，望尽天涯路’。此第一境也。‘衣带渐宽终不悔，为伊消得人憔悴’。此第二境也。‘众里寻她千百度，蓦然回首，那人却在灯火阑珊处’。此第三境也。”王氏的“三境界”说自此风靡，并为后代学人不断传诵和援引。殊不知，饶老也有自己的“三境界”说。

根据施议对先生编纂的《文学与神明——饶宗颐访谈录》一书记载，饶氏“三境界”分别是：“漫芳菲独赏，觅欢何极”为第一重境界。意为在孤独里思考和感悟，上下求索。“看夕阳西斜，林隙照人更绿”为第二重境界。所谓“日愈西下，则其影愈大”，尽管并非赫赫如中天之日，却仍然不失其光辉。饶老认为这是一般人不愿进入的一重境界，因为一般人的精神都向外表露，既禁不起孤独寂寞，又不肯让光彩受掩盖；只是注重外面的风光，而不注重内在修养。他们看不见林隙间的“绿”。其实，越想暴露光彩，就越是没有光彩；“红蔫尚伫，有浩荡光风相候”为第三重境界。即无论如何都要相信，永远会有一个美好的明天在等候自己，只有这样才没有烦恼，身心康泰。饶老认为此境界旨在为众人“指出向上一路”，永远以积极向上的态度，培养自己“富贵不能淫、威武不能屈、贫贱不能移”的精神意志。

饶氏的“安顿说”

关于人生哲学，饶老提出了自己的“安顿说”。他认为，“一个人在世上，如何正确安顿好自己，这是十分要紧的”。这与海德格尔所谓的“人，当诗意地栖居”这一哲学命题有异曲同工之妙。

在《文学与神明——饶宗颐访谈录》一书中，饶老以王国维为例来论证自己的观点。他认为王氏的两种解脱办法——暂时解脱和永久解脱，都未能解决人生的问题。他承认王国维是一位了不起的学问家，只可惜诸多方面的条件尚不具备，未能真正超脱，其于做学问乃至词学创造上之成就，也受到一定限制。首先，王氏只到过日本，未到西洋，未曾走入西方大教堂，不知道宗教的伟大，而且对于叔本华哲思，也不可能真正弄明白。这是阅历的限制。其次，王氏对佛教未曾多下功夫，对道教也缺乏了解，不知道如何安顿自己。这是学识与修养的限制。所以，王氏做人、做学问，乃至论词、填词，都只能局限于人间。即专论人间，困在人间，永远未能打开心中之死结。

因此，饶老认为一个人在世上，如何正确安顿好自己，这是十分要紧的。他认为就这点而言，陶渊明比王国维要明白得多。因为陶渊明未死就为自己写下挽歌，以为“死去何所道，托体同山阿”，死了之后，自己能够与山陵共存。由人生联系到山川大地，本身就已有所超越。他觉得王国维如果能够在自己所做学问中，再加入“两藏”——释藏及道藏，也许能较为正确地安排好自己的位置。例如，朝代更替，在历史长河中，不过是小小波澜，算得了什么？但是，王氏就是想不通，不知道如何于宇宙人生中去寻找自我。可惜的是，静安先生已经听不到他的建议了。

那么，到底如何才能安顿好自己呢？由饶老的回答中可以提炼为三句话。

一曰“天人互益”。鉴于种种事实，饶老对人类未来其实怀有深刻的悲观。因为人类自己总是制造各种仇恨和恐怖，变成物质的俘虏。而大自然也正在惩罚人类破坏所造成的恶果。他认为人类一切事业，都要以益人而不是损人作为出发点和归宿。

一曰“物物而不物于物”。此句语出《庄子》，意为驾驭外物，而不为外物所驱使。终其一生，人都难免会受到外界“物”的诱惑，比如权力和色欲。饶老提倡一种可以自主的人生，他一方面承认现代社会的人基本上都离不开政治，都难免受政治的限制，但是“你要超越它，自己可以控制”。在将近一个世纪的人生中，饶老始终没有加官晋爵，却游刃有余、自成境界。

一曰“慈悲喜舍”。这是香港大学饶宗颐学术馆前矗立的、饶老亲笔书写的四个大字，蕴含着饶老对人间的一片悲悯之心，他也始终以实际行动践行着这一理念。香港大学饶宗颐学术馆本身就是一个很好的见证。2003 年，饶老将个人数十年来因勤于学术研究而积累的藏书，包括非常珍贵的古籍善本，以及 180 多件书画作品，赠送给香港大学，该校饶宗颐学术馆由此得以正式成立。时至今日，该馆不仅成为香港大学著名的研究机构之一，也日渐成为全球汉学界的学术文化交流中心。对于国瘼民生，饶老更是慈悲而喜舍：汶川大地震，当即捐款 20 万港币；青海玉树地震，捐款 10 万港币；甘肃舟曲泥石流灾害，将各界亲朋馈赠的 160 万元悉数捐出；书法作品拍得数百万元均悉数捐给了有关慈善组织……

荷花之喻

饶老一向主张学艺双馨，世人却往往只闻其学问之大名，罕有知其书画之精湛者。张大千曾称赞说，“饶氏白描，当世可称独步”，可见其功力深厚，已非同一般。更为重要的是，饶老能通过书画艺术，将自己的人格、学问、胸襟和气魄巧妙地显露出来。2010 年 8 月 6 日，温家宝总理在中央文史研究馆亲切会见饶老，饶老将自己创作的《荷花图》赠送给总理。这是一幅堪称诗书画三绝的画作，一枝荷花出淤泥而不染，中通外直，不蔓不枝，形简而神逸，更辅以饶老黄金加墨书写的一首自作词《一剪梅 · 花外神仙》：“荷叶田田水底天，看惯桑田，洗却尘缘。闲随□艳共争妍，风也倏然，雨也恬然。雨过风生动水莲，笔下云烟，花外神仙。画中寻梦总无边，摊破云笺，题破涛笺。”此画以荷为题，以词为跋，寓意不言而喻：追求高洁如莲的宝贵精神，褒扬临危不惧、敢于迎接挑战的气魄，称颂刚正不阿、风雨不倒的品质。

“觅天地之正气兮，唯夫子之高举”——诚此之谓也！

季羡林：本色的学者

李红艳

“纵浪大化中，不喜亦不惧，应尽便须尽，无复独多虑。”这是季羡林先生很欣赏的一首诗，其作者是东晋诗人陶渊明。季先生的为人、为学正如陶氏的诗，本色、自然却又真淳。

漫漫求学路

季羡林先生1911年8月6日出生于山东省清平县（现属临清市）官庄的一个农民家庭，自幼家境贫寒，终年以高粱饼子充饥，一年能吃上一两次白面就很不错了。六岁时，他赴济南投靠叔父，叔父对他很严厉，要求他从高小开始课余学习英语。上初中后，还亲自为他讲课，让他参加课余的古文学习班，读《左传》《战国策》《史记》等，晚上去“尚实英文学社”继续学英文。这为他日后学术上的成功打下了坚实的基础，尤其是培养了他喜好读书的习惯。

1926年，季羡林转入山东大学附设高中学习，受业于桐城派作家王昆玉先生，遂对古文发生浓厚兴趣，自学《韩昌黎集》《柳宗元集》以及欧阳修和“三苏”等人的文集。同时，开始学习德语。

三年后，季羡林转入省立济南高中，适逢著名作家胡也频、董秋芳在此任教，这使季羡林获益匪浅。从此，他改用白话进行写作，自谓“舞文弄墨终生不辍，全出于董老师之赐”。高中期间，季羡林已经开始创作短篇小说，如《文明人的公理》《医学士》《观剧》等，发表在天津《益世报》上；同时还翻译了屠格涅夫的散文《老妇》《世界的末日》《老人》等，发表在山东《国民新闻》上。

高中毕业，19 岁的季羡林入清华大学西洋文学系学习，专修德语。在大学的四年课程中，他受益最大的是一门选修课——朱光潜先生的“文艺心理学”和一门旁听课——陈寅恪先生的“佛经翻译文学”，这两门课实际上决定了季羡林终生的学术研究方向：佛教史、佛教梵语、中亚古代语言研究和比较文学、文艺理论研究等。清华四年，正是他风华正茂的时期，他与吴组缃、林庚、李长之结为挚友。四个年轻人经常聚集在一起，纵论天下大事，臧否古今人物，一时被誉为清华“四剑客”。同时，他还创作了许多散文。并翻译过一些外国文学作品，都陆续见诸报端，成绩斐然。

1935 年，季羡林以优异的成绩考取清华大学与德国的交换留学生。是年秋赴德，入哥廷根大学深造，从此开始了十年的留学生活。在哥廷根大学，他主修印度学，副修英国语言学和斯拉夫语言学。他的导师是当时世界著名的梵文和佛教文献专家瓦尔特施米提（E. Waldschmidt）教授。1941 年，他以论文《〈大事〉偈颂中的限定动词的变位》获哲学博士学位。当时，欧洲的战火正浓，交通中断，欲归不能，只好滞留在德国继续从事研究工作。五年之中，季羡林在对吐火罗语、吠陀语和佛教混合梵语的研究中取得了很好的成绩：他写了数篇优秀的学术论文，声名大振，饮誉四海。可以说，留德十年所取得的成果，奠定了他在国际学术界的权威地位，至今这些论文仍作为重要文献被引用着。

1945年秋，欧战硝烟未尽，季羡林急切盼望归国，遂取道瑞士（停留半年）、法国、越南、中国香港，几经辗转，终于在1946年夏末回到了阔别11年的祖国，这一年，他35岁。

殷殷报国心

1946年，经陈寅恪先生推荐，回国不久的季羡林被北京大学破例聘为教授，兼东方语言文学系系主任。这一待，就是半个世纪。

半个世纪以来，无论是什么样的环境，他都恪守着自己对学术、对祖国的诚挚的信念。20世纪50年代，他写过几篇重要的论文：《中国纸和造纸法输入印度的时间和地点问题》《中国蚕丝输入印度的初步研究》等，这主要是针对当时世界上流行的一种说法——“在中华人民共和国成立之前，是中国向印度学习，而在中华人民共和国成立之后，则是印度向中国学习”而写的。季羡林认为，这个论点既不符合事实，又抹杀了中国对世界的贡献。他通过大量的考证和旁征博引，终于令人信服地证明了印度的纸、造纸术和蚕丝是中国传入的，使得印度学者和各国学者心服口服。后来，他又在《糖史》一书中，进一步论证了蔗糖熬成糖的方法是如何从印度传入中国的，中国接过这种熬糖方法加以提高，熬成白糖，又传回印度的过程。这些看来不大实则是很重要的问题，不但在学术上有重要意义，而且可以烛照出季羡林拳拳爱国之心。

“文革”期间，季羡林背了不少黑锅，一段时间中，“一个月有几天要到东语系办公室和学生宿舍所在的楼中去值班，任务是收发信件，传呼电话，保卫门户，注意来人”（先生语）。但他仍从1974年起，倚仗着“心灵深处那一点微弱但极诱人的光芒”，克服了无数困难，将那部2000年来驰名印度和世界的《罗摩衍那》全部翻译完毕，这250万字的印度史诗由梵文翻译为汉文的工作该是一项多么巨大的工程啊！难怪日本著名教授中村元先生称这一译本为东方第一个，继英译之后，世界第二个全译本，它将成为日本译事的重要借鉴。

以学术来报国的信仰、以学术来完成对文化本身的研究与展望的信仰，使得季羡林先生从不敢有丝毫懈怠。解放后，他除担任北京大学东方语言学系系主任之职外，还曾任北大副校长五年，第二、三、四、五届全国政协委员，第六届全国人大代表和常务委员，国务院学位委员会委员，中国东方文化研究会会长，中国亚太学会会长，中国比较文学学会名誉会长，中国作家协会理事以及德国哥廷根科学院《新疆吐鲁番出土佛典的梵语词典》顾问，冰岛“吐火罗语与印欧语系研究”顾问等50余个职务。1992年，印度研究梵文的最高学府瓦拉纳西大学授予他“最高荣誉褒扬奖状”。

学贯中西间

季羡林的学术成就介绍起来是十分困难的，其研究之深之专、之广之丰在这短短的篇幅中是很难写清楚、写全面的。

大体而言，主要有以下十个方面：①印度古代语言研究；②佛教史研究；③吐火罗语言研究；④中印文化交流史研究；⑤中外文化交流史研究；⑥翻译介绍印度文学作品及印度文学研究；⑦比较文学研究；⑧东方文化研究；⑨保存和抢救祖国古代典籍；⑩散文创作。

但是，几十年来，他用心最多、成就最大的领域则是印度学。目前为止，已出版的有关学术著作已达800余万字，为中国的印度学作出了卓著贡献。

正如他在《季羡林学术论著自选集》序言中写道的：“高山、大川、深涧、栈道、阳关大道、独木小桥，我都走过了，一直走到今天，仍然活着，并不容易。说不想休息，那是假话。但是自谓还不能休息。仿佛有一种力量、一种探索真理的力量，在身后鞭策我。”也正是因为有了这种奋斗不息的精神，他从一个普通的农民的儿子成为学界泰斗。

但季羡林既非书香门第之后，更无家学渊源可言，这学贯中西的学问是如何得来的呢？还是用他自己的话来说吧：“我记得，鲁迅先生在一篇文章里讲了一个笑话：一个江湖郎中在集市上大声吆喝，叫卖治臭虫的妙方。有人出钱买了一个纸卷，层层用纸包裹住。打开一看，妙方只有两个字：勤捉。你说他不对吗？不行，它是完全对的。但是说了等于没说。我的经验压缩成两个字是勤奋。”

勤，可以成就一切。

结 语

著名美籍女作家韩素音在季羡林 85 岁华诞时的贺词中写道：“他毫不追求权利、财富，或是被人颂扬，他整个献身于他的国家——中国和中国人民，还有他的不动摇的忠诚，对我们所有人来说，都是一个榜样。”这真是十分公允的评价。

季羡林一生节俭朴素，淡泊名利。他从来反对宣传自己，平生只写过一次 2000 多字的自传；他视金钱为身外之物，用自己千元的工资和微薄的稿费在东方学系设立奖学金，或者购买图书寄给家乡的小学校……季羡林平时布衣粗食，他最爱吃的东西是馒头就大葱。但季羡林又是富有的，他拥有太多的书，他爱书，藏书，兀坐在书城中，怡然自得。

这样一位本色的学者，面对他，我们其实是用不着去评价的，也没有资格或能力去评价他。他不太高大的身躯几十年来一直站在东方文化的中流上，从不去苛求引起轰轰烈烈的震动。他的已经褪色的中山装，那顶可爱又随意的绒线帽，以及那直率又宽厚的笑容，与他的学术研究一起，形成了一个 20 世纪本色学者的完整的形象。

我想，本色从来也将应该永远是对一名学者的比较诚挚的评价。季羡林对此二字更应有其独特的体会与理解。

顾颉刚至死不辍之治学精神

王湜华

“玄妙观中三年少，老寓京华东城道。”这是叶圣陶先生在题我的《桐桥倚棹录题词》抄本的一首七古中开头的两句。这“三年少”说的是他自己以及顾颉刚先生与家父王伯祥先生。他们都出生于19世纪之末，又同在苏州草桥中学（今苏州市一中）读书，志同道合，终于成了著名的文学家、史学家，而老年又欣逢盛世，都搬到了北京工作，并都住在东城。

顾颉刚先生由于勤奋努力，只向真理低头，勇于不断补正一己之不足与舛误，终于成为现当代最有成就的史学大家之一。近日正在编订他的全集，字数当在两千万字以上。“层累地造成中国古史”观，是他早在20世纪20年代初就提出的，至今依然闪烁着光辉，在国内外学术界具有重大而广泛的影响。由于顾先生与家父都从事史学，又有长达70年的友谊与交往，所以我有幸能亲炙他老人家的诸多教诲，尤其在他的晚年，真可谓把着手，领着我走上了严谨治学的道路，不少动人的场景，至今犹历历如在眼前。

督导晚辈治学，养疴手不释卷

我本来的志愿是要学历史的，因服从分配而改学阿拉伯语。在北大尚未毕业之前又被戴上了右派帽子而分到外文局所属外文印刷厂劳动改造，摘帽后才到外文出版社任阿拉伯语翻译。1964—1965 年，外文局在香山办起了外语训练班，把我调去任阿拉伯语教师，授课地点在昭庙、镇芳楼等处。从镇芳楼去食堂，必经枫林村的门口。1965 年底，顾颉刚先生手术后疗养，即转来枫林村，住在 105 室。家父知讯，便嘱我常去看望。家父也曾亲上香山探视。这一时期，我在授课之余，便常常去枫林村走走。105 室自然比不上他家，可有六七万册书供他随手翻检，但在书桌上、床头，以至沙发上，依然堆放着不少稿纸与书籍。顾先生一生孜孜矻矻，抓紧分分秒秒从事学术研究的学风是众所周知的，即使在病榻上，亦是手不释卷。

家父珍藏有一手卷，即著名的《书巢图卷》。手卷是横向很长的装裱件，打开阅览时可随展随卷，装裱时将主要的字与画裱完之后，其左往往还要预裱上大段的空白，即叫白尾。《书巢图卷》的主要内容是叶圣陶先生抗战时期在四川乐山为家父作的《书巢记》与《书巢歌》，当时我家仍困守在上海法租界，即所谓“孤岛”。因为家父一生酷喜藏书，而生活一向拮据，当上万册的藏书终于找到一间比亭子间还小的小屋可以集中存放时，便命名为“书巢”。叶圣陶在《书巢记》中说：“数历艰虞，而犹守此书巢，展诵为乐，则诚无负于书者也……”在七言柏梁体长诗《书巢歌》中则云：“伯翁孤岛意仍豪，语我陈书欣有巢……闻说春回期匪遥，会见贼（指日寇）势逐退潮。届时狂喜料难描，应效杜老发长谣……”在那抗战艰苦年代，盛赞藏书有巢之余，自然更亟盼抗战早日胜利。这手卷的白尾，在抗战胜利后，已陆续有贺昌群、施蛰存、郭绍虞、俞平伯诸先生题咏其上，白尾已用去了约三分之一，而却始终没找到机会请顾颉刚先生题。我想乘先生养病之机完成此项任务，家父也深表赞同，我便携卷去了香山。大约一两周之后，顾先生已将手卷题好交还给我，展卷一看，密密小字，竟一气写满了全白尾。题跋中历叙了他与家父60余年的交谊之外，还对比了二人治学之不同与各自之短长，看来真是情长而嫌纸短，将近一丈长的纸还不够他写的，所以还另用纸为家父题了个“书巢”匾额，匾上又写了长题记，讲到他二人之藏书，若有人再来续编《藏书纪事诗》的话，当可为之殿等之（可惜不久浩劫天降，家父怕为此题记于二人都不利，只得忍痛撕毁了）。这肯定是倾数日之全力才完成的。文末落款是“一九六六年四月一日，顾颉刚书于枫林村之一零五室”。由此可看出，顾先生在疗养期间，依然不忘治学，抓住一切机会来阐述治学之一斑。又谁知两个月后，一场史无前例的大浩劫，就铺天盖地地压在我国人民的头上呢！

我是在1966年春节结的婚，亦即在此前不久，顾先生还特地写了《诗经·鸡鸣》诗两章为贺，并加跋语云：

此二千五百年前新婚诗也。彼时生产力低下，耕稼而外，必猎取野生动物，方足以资生存，故夫妇交勉，不待旦而兴，及其弋得凫雁，乃始饮酒鼓琴，征百年偕老之乐。今日当社会主义建设时期，我辈面临之生产活动不啻万倍于前人。混华、文修两同志结褵今年春节，敬写此诗两章以贺。知两君久秉毛泽东思想交互砥砺，其远笃于古代伉俪之情，固不待言也。一九六六年三月，顾颉刚书于香山之枫林村，其地与混华同志授课之昭庙遥遥相望，亦足为此生一纪念。

此外顾先生还写了一横幅，书“春到人间”四个大字，并题云：

“静翠湖边，桃柳争发，新婚宴尔，倘来游乎！湜华、文修俪正。颉刚。”这可真是我俩新婚后所得之最佳礼品，更是莫大的精神鼓舞，不但斗室顿时为之增辉，这两件墨宝始终督励着我，面对它们，顾老孜孜矻矻伏案疾书的形象就会映现在我眼前。

昂起高贵的头，俯携后进之手

“文革”初起，顾颉刚先生刚从香山回家，即被卷入了“三家村”吴晗挨批的事，说他早在20世纪30年代初就与吴晗过从甚密等。总算此事还未酿成大祸，而精神上却造成了不愉快。此后之挨批挨斗戴高帽子等，自亦不必多讲，而有一事是不可不书的。在顾先生挨斗要戴高帽时，红卫兵小将逼挨斗者自报家门，也就是让本人来念高帽上所写的“头衔”，如“走资派”“反动学术权威”之类，而让顾先生念时，他却说：“我是历史所一级研究员顾颉刚。”这样高强的骨气，真是非同寻常，要知道如此“反抗”，可是要吃眼前亏的呀！而顾先生就是在如此威逼之下，昂起了高贵的头，威武不屈！

“文革”开始后，我的“右派”帽子虽早已摘去，却又“炒冷饭”，进牛棚，挨斗扫厕所，挑大粪。在这史无前例的岁月中，彼此互不通音讯已属正常与必然的现象。我家当时住小雅宝胡同，与顾先生所住的干面胡同近在咫尺，但亦不相往来。而俟空气稍稍平静，我就忍不住又去看望顾先生，在他的督励下，我抄录了他珍藏的不少书籍，不仅都是善本，有的还是孤本，如顾禄的《桐桥倚棹录》《颐素堂诗钞》《题画绝句》，以及吴云的《吴螨百绝》等。这些都是苏州的重要地方文献。顾先生本来准备与俞平伯先生和家父等合编成《吴中风土丛刊》的，亦因“文革”而告吹，根本谈不上编印出版，而顾先生心中始终没有放下此事，于是寄希望于晚辈，知我有志于此，并善抄录珍本书籍，更源源向我提供。从抄《桐桥倚棹录》开了头，他便一再主动提供他家藏的本拟收入《丛刊》的珍本，命我录副，一来是鼓励我努力治学，同时也为这些珍本孤本能有副本存世，万一再遇“浩劫”，多一线保存的希望。顾先生就是这样为了学术之发展不遗余力。例如《题画绝句》，便是他先写好了跋语，在跋语中提及：“湜华同志好诗词，抄《倚棹录》既讫，更纵笔及此，为宇宙间秘籍增加一本，不亦善乎。”才拿来命我抄录的。像顾先生这样提携与督促后学晚辈，当今世上还真是不多见。

只向真理低头，勇于纠正错误

1975 年 12 月 30 日，家父伯祥先生去世了，享年 86 岁。顾颉刚先生十分悲痛，他比家父只小三岁，所以此后每年给他拜年，他对我说的头一句话总是，我离你父亲死的年龄只差两年了；只差一年了；直说道，今年已到你父亲去世的年纪了，已多活一年了为止。足证他时时在忆念着我父亲，尤其在岁月不待人，新的一年来临之际又见到我，则更是感慨系之。其实最令顾老感慨的，我想是岁月已不多而仍被迫不得不浪费时间，想到他尚未完成的学业有那么多，周总理亲自交给他整理《尚书》的工作还只刚开了个头，而自己的身体精力又日减一日，却还总被那无聊而无穷的运动牵着鼻子走，所以产生感慨是不可避免的。但他在感慨之余，决不颓馁，而是更加抓紧时间努力工作。除他一己之勉力伏案写作外，对老友之缅怀，对后学之督励，也更是有增无减。

我为了纪念先父，特请上海陈从周先生画了一幅《甪直闲吟图》，画幅很小，而甪直水乡风貌，遥见保圣寺殿顶，山色水光已尽收尺幅之间。我准备裱一长手卷，所以按画幅之高裁了两条六尺长的宣纸，首先送去求顾先生一题。因为顾先生早年发起抢救甪直保圣寺唐塑罗汉，是家父为宽慰顾先生丧妻之痛，请他去甪直一游而引起的。后来在一册

《甪直保圣寺唐塑一览》上顾先生几乎题满了字，追记当年这段因缘，送给家父。顾先生的第二次婚姻，即由家父把他班上的高才生殷履安介绍给了顾先生，遂致甪直成了他的岳父家。先生面对这尺幅，又勾起了种种怀念，竟用了一周的时间起草，让我读后，又用了近一周的时间誊录，两条纸合长一丈二，竟被先生又写得满满的。他从 1918 年夏，第一个夫人吴征兰病逝谈起，历叙家父导游保圣寺，初步认为罗汉是唐代杨惠之所塑，后来每年回岳家，见到大殿梁断漏雨，濒临倒塌，最精彩的一尊罗汉及塑壁已首当其冲地濒临倒塌，遂急起呼吁抢救，终于救下了半台罗汉等，都做了追述。而文中最为突出的内容，则是要纠正一己之一段失误。

在顾颉刚发起抢救之后，日本学人大村西崖特来华考察，据他考证认为：罗汉并非唐塑而是宋塑，理由有二：一、杨惠之的足迹并未到过江南；二、直至唐末，罗汉之数仅只十六，十八罗汉是宋代才出现的，所以至少降龙、伏虎两尊罗汉是宋以后的人所增。只是因为颉刚先生日后教学研究工作日繁，南北奔波，竟无暇顾及此事，再予进一步论说。尽管为了充实正确的宋塑说，顾先生也曾专门比对过云冈、龙门、天龙山、南北响堂等自魏迄唐之洞窟造像，已见一己初见之疏漏，却始终无暇撰文承认。而今面对陈从周之所绘，诸多往事一时涌向心头，似有不吐难以平静之势，这种勇于承认一己学术上疏漏之优良学风，哪怕就在为小小图画作题词之际，顾先生也绝不有丝毫轻忽之心。这是何等高尚而笃实的学风啊！所以他在长文之末写道：

保圣寺罗汉像诚不出杨惠之手，然谓其为必无杨惠之遗法存留，则亦未以然矣。此意为予所久怀而迄未尝与朋好言之，今不幸为我首先导游之伯祥已作古人，令嗣湜华酷念先世遗泽，以其家曾一度移家甪直，因乞负责修理保圣寺之陈从周同志为作《角直闲吟图》，而于一片碧树中露出保圣寺之一项，以存积念。予因竭数日力，将数十年胸中块垒一吐，以质正于同人……

顾先生首先承认一己之疏漏，此塑确非出于杨惠之之手。从而更进一步分析导致疏漏的历史原因及主客观原因。这事实上也正是他“层累地造成中国古史”观的一个例证。所以称为“溯源惠子”“得非惠之之流乎”等，是有其一定历史原因的，也并不错。经此全面而详尽之考索与分析，这至今尚幸存的半台罗汉，究竟与杨惠之有什么关系，可谓已十分清楚明白了。而现在去角直的人还能看到这半台罗汉，还真应感念顾颉刚先生当年呼号奔波的一片苦心。仅就这一小问题，也足以证明顾先生内心世界的博大，可见到他治学与为人之不凡精神。

酬谢整理碑帖，“他日如见我也”

顾颉刚先生的纯照堂书库中，碑帖的收藏也是相当丰富的。其中主要的还都是他父亲子虬公遗留下来的。而这些碑帖还未编目与著录，内中有子虬公亲笔题识的亦不少。那些年顾先生自己抽空还在不断整理书籍，而暂时还顾不上这些碑帖，有的竟暂时堆放在墙脚边、走廊上。我见到这些珍贵的碑帖，真有大大开了眼的感觉。顾先生见我喜于此道，便给了我一项任务，即为这些碑帖编目录卡片。我非常高兴地接受了这一任务，便逐种立卡片，还将所有题签、收藏印鉴、题跋等，详细著录于卡片上。有些种类著录的文字过多，一张卡片写不完，多的用到三张甚至四张。通过在顾先生直接指导下的工作，使我在碑帖方面长了不少见识。可惜后来事情越来越忙，没能全部完工，也可能还有若干没有翻检出来吧。

这工作对我来说，本是一种难得的学习机会，又正是我兴趣之所在，本是作为直接晚辈的我理应做的，但顾先生却检出一部汤雨生所画的山水册页送给我，以示对我编卡片的酬谢。这部册页凡画八开，均裱于右半开，当是重装者北溪老人李嘉福笙渔时预留空页拟请人题咏的。装潢极考究，和色洒银锦缎作封面封底之外，还有黄缎子面子麻布里子的外套，套口安有纽襻纽扣，与封签相应地位还缝有白缎子签条，套内外两签条均为李嘉福自题，时间是光绪甲申（十年，1884）夏日。每开画上均有汤雨生题记，多标明仿某某笔意之类而无岁月，最后第八开上则为总题，云："道光丁未（二十七年，1847）夏五月之望，拟古八帧，写于白门琴隐园中。雨生汤贻汾。"引首钤"粥翁"白文印，下款左钤"雨生"朱文印，画幅右下角钤"粥翁归隐后作"白文印。册页之前后各有两开白页，顾先生事前来信约我去他家，那时他已由干面胡同搬到三里河南沙沟7号楼住，等我到后，即当我之面在第二开空页上题字云：

清代画法，开自四王，而其流弊则重山叠嶂，有如作律赋然，成为金碧堂皇，作富贵人家堂上之结彩。至扬州一派出，则抒写性灵，易以淡雅；迥与清初之严整者不同。汤雨生出世较迟，又生白下，故与扬州派相近，为一时之弁冕。吾父子虬先生素好瀚墨，得此册于杭州，宝藏之者六十年矣。一九七九年顷，王君湜华为先父整理碑帖，见此而喜之，因举以奉赠，酬其劳累，今年近九十，终岁在病中，不知何日离尘寰，亦愿湜华宝此，他日如见我也。

一九八〇年九月十三日，顾颉刚书于北京三里河寓舍。

我侍立先生之侧，看着他颤颤巍巍地提笔落墨，不打草稿，而思路依然如此清晰，益发为他高兴自是一面，同时衰老的一面亦自不可避免，又真为之深深感慨。当他写到末两句，怅失余日无多而仍对我寄予厚望时，心中的滋味着实不好受，热泪不觉涌来眼眶，但又不得不强自镇定，转而祝愿他好好地再多活些年，以便更多地去完成他未竟之业。谁料就在这年年底，他即永远地离开了我们。

正如顾颉刚先生长女顾潮在《历劫终教志不灰——我的父亲顾颉刚》一书中所写的：生命不息，工作不止。我最后见到顾老的这一面，正是他生命不息工作不止的生动一幕。这 1980 年，他竟有 8 个月是在医院中度过的，在他生命最后最宝贵的时刻，他还念念不忘奖掖我、督励我，我是永远不会忘怀的。

我所知道的晚年孙犁

赵天琪

在纪念抗日战争胜利60周年之际，也恰逢一代文学宗师孙犁逝世3周年忌辰。人们在祭奠那些在战争中死去的战士、同胞的同时，也会更加怀念感谢在战争中为民族解放事业做出过贡献的人，包括已经故去和还健在的。孙犁，就是一位在抗日战争时期，以一名“抗日战士”身份开始写作，并很快成为卓有成就和影响的作家。当年，他在延安《解放日报》上接连发表的《荷花淀——白洋淀纪事之一》《芦花荡——白洋淀纪事之二》曾引起文学界和评论界的轰动，并为国内外广大读者所熟知。被人们誉为“对抗日军民一首深情的颂歌”的《荷花淀》，以其浓郁的乡土气息、淡雅疏朗的诗情画意和朴素清丽的文字，征服了数不清的读者的心，以至开创了文坛上以这种独特风格写作为宗法的“白洋淀派”。作为一代宗师的孙犁，从20世纪30年代始，迄至21世纪初，在近70年的文学创作和人生历练中，完成了“作家学者化”，“真正的作家必定是思想家”的飞跃与升华，成为在现当代文学史上屈指可数的真正意义上的“文学大师”。

这里记述的是笔者对孙犁晚年的所见所闻，以表述对这位可敬的文学前辈的深切怀念之思。

“人对故乡，感情是难以割断的……我越来越思念我的故乡，也越来越尊重我的故乡”

孙犁以90岁高龄终其一生，而他后半生——53年的岁月时光，蛰居在天津市区陋巷里。1949年春，他随着部队开进天津，分配在天津日报社做一名编辑。30多年的时间里，他“把编辑这一工作，视为神圣的职责，全力以赴”。他也获得了一个相对安定的创作环境，开始写作中篇小说《村歌》和长篇小说《风云初记》以及各种文学样式的作品。1950—1956年，可以算是他创作的鼎盛时期。他回顾自己的创作体会时明确地表示，他的创作意图、素材以及创作的激情和动力，都源自八年抗战，“当我的家乡，遭遇到外敌侵略的时刻，我更清楚地看到了中华民族的高贵品质”，家乡的一切，在艰苦的战争里，“经受了考验”。孙犁极为怀念那个时代，怀念他曾经生活过的村庄和作为伙伴的百姓。那时走过的路，踏过的石块，越过的小溪，那些亲经亲历的风雪、泥泞、饥寒、惊扰以至牺牲，还有同志间的情谊与胜利后的欢乐。在他后来的许多文章中都尽情尽兴地表现过。当然，他也有如《津门小集》《农村速写》这类表现天津市郊工农生活的文章。特别为世人关注的是他写于晚年的“芸斋小说”“耕堂散文”，虽然反映了一些他所经历的“城市生活”，但多是批判性的内容，或者在这些展示城乡生活的对比中，明显地宣泄着他的憎爱之情。从表面上看，这似乎与他缺少对城市生活的全面体验和视角的调整有关，从深层看，则是根源于他对城市的厌烦、憎恶与恐惧。

孙犁曾自嘲说：“余之晚年，蛰居都市，厌见扰攘，畏闻恶声，足不出户，自喻为画地为牢。”特别是“文革”中的腥风血雨、地震中的卑劣自私、文坛上的钩心斗角以及近些年腐败丑恶的世风，都曾使他对城市生活感到厌恶和绝望。可一谈起他的家乡，他就掩饰不住由衷的激情，他说，我对故乡的感情很深，从12岁时起，就经常外出，回来时一走到村边，看见自己家屋顶上的炊烟，就感到一种“难以抑制的幸福感”。他想过“一定老死故乡，不会流寓外地的”。然而，后来的生活使他最终认了命：“我绝对走不出这个城市（天津）了。”“一想到这里，就如同在梦中，掉进无边无际的海洋一样，有种恐怖感、窒闷感和无可奈何感。”

1988年8月，孙犁从市内多伦道那个拥挤、嘈杂、充斥着痛苦回忆和厌恶情感的大杂院，搬迁到新建的宿舍楼。欣承他函邀，我去他的新居一叙。按着他写的地址，我骑着朋友的一辆破自行车，寻问到位于天津南郊的鞍山西道学湖里一座红砖楼。入内方知，孙老一人在此独居，家务事由一个上了年岁的保姆打理。环顾室内，简朴又干净，很合老人的品性。一张用了多年的写字台，桌面上的黄漆已脱落几大片，连块最普通的玻璃板也没放，几支笔，一方砚，一个烟灰缸。左上角摆放着一个显眼夺目的盆栽罗汉松，我立即想起，老人在一篇散文里提到的“朋友老张”送他盆景的故事，题目就叫“罗汉松”，记得还说这位朋友是“不只游戏人生，而且游戏政治”。靠墙是一排低矮的书柜，设计打制很不讲究，打开蒙着白报纸的玻璃门扇，是码放整齐的全都用牛皮纸包上书皮的图书，我知道这是老人平生最看重、最心爱的“财产”。新粉刷的墙上，挂着一两幅拍摄得很不错的照片，是孙老坐在眼前这把破藤椅上拍的。墙犄角处似不经意挂着一幅齐白石的《虾》，那是孙犁进城后，托人购得的名画。但他后来在文章中再提起时，却说：“算不上什么稀世珍品”，现在对它也“兴趣索然了”。

孙老对我说，他不常下楼，只是早晚有时在楼群中散步。走着走着，就想起当年打仗时，走过的田野村庄，走过的深山峡谷，那中间是溪水，两旁是花草，很美、很静。可现在眼前到处是人流、车流，排放着废气，环境也很乱。最让老人烦心的是，左邻右舍装修施工，打电钻，凿洋灰地，做木工，叮叮当当，此起彼伏。他说这种情况已持续了一年多了。有时看到进进出出的民工，听到他们每年挣了不少钱，回家又娶媳妇又盖房。“他们活路多了，我心里很高兴，但我很少和他们交谈。我常常在楼上，隔着窗户，看那些民工在整治花坛、在浇水。有一次，看见一个妇女找来一片破席，铺在柳树下，和丈夫、儿子在啃面包、喝白水，他们真的很辛苦。”孙老动情地说。

我问孙老晚上几点休息。他说，我睡得很早，8 点多就上床，有一个黑白电视，很少看。躺在床上，睡不着，就听收音机，有时拨到河北台，听到久违的乡音，就格外高兴。现在“很少安眠，总是思念家乡，渴望听到乡音的。”“我越来越思念我的故乡，也越来越尊重我的故乡——这种思乡情绪越来越浓烈，究竟是什么道理，实在说不清楚……”

“美丽的梦只有开端，只有序曲，也是可爱的。我们的童年，是值得留恋的，值得回味的……”

和思乡情愫并生的是孙犁晚年对童年岁月的回忆与眷恋。孙老说：“如果我也有欢乐的时候，那就是童年。”他在一篇文章里感叹：“人的一生，真正的欢乐，在于童年。成年以后的欢乐，就常常带有种种限制。”

为什么对童年和故乡这样深爱，孙老说：“几乎所有的人都难忘儿时的往事，幼年的感受，故乡的印象，对于一个人，尤其是作家，是非常重要的东西，正像母亲的语言对于婴儿的影响。”

孙老回忆说，他是五四运动那年在村里上的私塾，他刚七岁，父亲对他期望很高，要“成才”，要“光宗耀祖”。但因他自小身体虚弱多病，所以，请私塾先生来家吃饭时，希望老师，在孩子犯错时，可以训责，但千万别体罚，担心他受不住。孙老记得他那时学习很努力，刮风下雨时也不旷课或迟到。冬天，上夜校时，冷风打透棉衣，可他提着一个小玻璃油灯，一蹦一跳地往学校赶，高兴得忘了寒冷和疲劳。

孙老说自己后来所以走上文艺之路，是因为童年时受到民间文艺的熏染，“晚饭一过，我们就到街上碾盘上抢地方一坐，听德胜大伯讲《七侠五义》。有一年从外地来了兄弟三人，白天给人擀毡条，晚上老大弹弦，老二唱，演出的《呼家将》，浓浓的西河大鼓风味，让村里人痴迷了三四个月，为了留着他们，村里的几个老书迷，挨家挨户劝：擀一条羊毡吧，冬天铺上多暖和呀！再说，你不擀毡条，呼延庆也打不了擂呀！村里人善良，讲情面，于是《呼家将》又演下去了”。

孙老和文学结缘，起因是从上小学时就喜欢阅读，以至50年来，“惜书如命”，“能安身心”。他最早读的小说，一是《封神演义》，二是《红楼梦》，都是和村里人借来看的，那个借他《红楼梦》的刘四喜，后来被诬抢劫而判了死刑，使他后来多少年一想起就为之叹息、痛苦。他在儿时认识的许多普通人，结识的一些小伙伴，近些年里，几乎都栩栩如生地出现在他的小说和散文里。他深情地说：“少年时的同学，在感情上，真有点亲如骨肉、情同手足的味道。”一次，提到一位远房妹妹时，他很宽厚地说：“我们都老了，每个人经历的和见到的都很多了。不要责备童年的伴侣吧！人生之路，各式各样。什么现象都可能发生，可能出现的……不管怎样，童年是值得留恋的、值得回味的。”

我发现，孙老每当一提童年的人和事，眼睛里就浮动着一种动人的光彩。话也格外地稠，语音也格外地响。

“人在青春，才能有爱情……彩云流散了，留在记忆里的仍是彩云”

孙犁的妻子是位农村妇女。虽是旧式婚姻，但他们二人相濡以沫，走过了漫长的 40 多年人生路。这期间包括抗日战争、解放战争、中华人民共和国成立初期和“文革”。在风风雨雨的日子里，夫妻之间的恩爱，老人记忆很深。他说她是“情义兼顾”。1971 年 4 月，老伴病故，他感到“孤独寂寞”，对于亡妻的怀想加上对故乡、童年的眷念，常常引发他晚年的忧郁情绪。有人曾劝他：妻子生前对他除了生活照顾、生儿育女外，在文字工作上也曾给予他不少帮助，现已年高体衰，应该抓紧时间多写写，但孙犁一直拖延着没有写。因为一想起他们“相聚之日少，分离之日多。欢乐之时少，相对愁叹之时多”时，就不愿再回顾了。但他有一段时间，却几乎每晚都梦见她，想摆脱也做不到。后来，在一些文章中还是零散地写了一些片段。妻子故去后的第二年，也就是 1972 年，没想到生活发生了许多带有戏剧性的变化，当时正值“文革”中期，那一阵子搞“落实政策”“安定团结”“争取更大胜利”。孙犁的处境也有了些改观，先是他被宣布“解放”，又增添了一间住房，发还了被抄的书籍器物，并且恢复了工资，以及一笔数目不算小的稿费。更为重要的一事是，在他“感到单身一人苦闷时”，一位中年女人走进了他的生活，于是他们同居了。可三年后，即 1975 年又离异了。无疑，这一段虽然短暂却十分沉重的记忆，使孙老后来感到十分失望。试想，在当年那种险恶的境遇下，一个被批判、被迫害的老人，在屡遭种种危难（包括后来妻亡）之后，需要寻找一位（包括异性）知己来成为自已倾诉和慰藉的同伴，这也不足为怪。此前，孙老在短短的一年多中，曾给这位经人介绍相识的远在江西的女士写过112封信，“这些信件，真实地记录了我那几年动荡不安的生活，无法倾诉的悲愤，以及只能向尚未见面的近似虚无缥缈的异性表露的内心。”因此，“潮水一样的感情，几乎是无目的地倾泻而去”。可是，到了今天再回想起来，“已经无法解释了”。于是，从这件事完后，他理智地决定，不再考虑续弦了。“想一个人安安静静地读点书，写点文章吧！”老人说。

熟悉孙犁作品的人都会体悟到，在他笔下活跃着的许多具有典型意义的中国农村青年女性，都极富有光彩：善良、勤劳、美丽、真挚，也很勇敢、热情。都会明显地感到孙犁对她们由衷的赞赏和喜爱，如水生妻（《荷花淀》）、春儿（《风云初记》）、妞儿（《山地回忆》）、九儿（《铁木前传》）等。他自己曾明言，他是“以崇拜的心情写到她们”，甚至“佩服到五体投地的程度”。联系到孙犁本人多情善感、美学理想和优秀传统文化——比如伟大的《红楼梦》和《聊斋志异》等文艺作品对他的巨大影响，就不难得知，他对女性一向予以关注、欣赏与赞美，进而认识她们、结交她们，然后把她们写进（塑造）自己的作品中去，再自然不过了。反过来，也可以这样认知，孙犁作品中所呈现出的出色而可爱的女性，正是作者日常生活中那种真诚的友爱和情爱情结投射的结果。下面举几个例子来说明。

1991年时，孙犁曾在一篇文章中，深情地怀念当年他在延河边曾共同散步的学生——梅。他们虽然承诺“缔结同心”，但幸福却擦肩而过，直到前一年，面对一直和他联系和给予暗示的梅，他表示：“老了，什么也谈不上了。”

1958年，在青岛休养期间，和一名热情的护理员——一位朴实羞怯的山东姑娘有过短暂接触，虽然在分吃一个无花果时，他格外注意到了她的“皓齿红唇”和“嫣然一笑”，但几天之后，则认为不过是“自寻烦恼”“自讨苦吃”的“感情上的纠缠”而已。事过多年，他仍记忆犹新。老伴去世后，孙老还给她写过一封信，可没有得到回信。

20世纪90年代后期，孙犁写的随笔短文集《书衣文录》，也有几则文字所表述的含蓄、隐秘，至今难以为人破译，而作为对作家本人创作心理和生活阅历的研究，它亦有不可忽视的价值，可看几个片段。

（一）……2月4日下午，余午睡，有人留柬夹门缝而去，亦聊斋之小狐也。(1975年)

（二）……晨5时半起，……至鞍山道口，门牌鲜明，门户未启，仰视楼上，窗帘花丽。主人未醒，往返徘徊……（1975年）

（三）在短短的三个月中，你在我的感情的园林里，形成一棵大树。你独承的阳光，浓荫布地，俯视小草。(未知日期)

后来，他在20世纪80年代写的《海鸥》和《老树》等诗歌中，以“海鸥”和“少女”互喻，以“老树”自喻，一再地倾吐着他内心对异性的赞美和思念之情：“阴晴不定，风雨不止，/我的处境很是艰难。/同居一室的人也走了，/少女也不再来了，/小表还是不声不响……”

还有，在《灵魂的拯救》中，他吟诵道：“在小小的西窗下/她兀立不语/容光照人/芬芳四溢。”

甚至到他70岁时，他依然激情地唱出：“最后成为我心中天使的/就是姑娘你/你是当前美和善的化身/我生活中的阳光雨露……”

老人自己曾坦率地承认：“我确实相信曹雪芹的话——女孩子们心中，埋藏着人类原始的多种美德，这些美好的东西，随着她们年龄的增长，随着她们的为生活操劳，随着人生的不可避免的达尔文规律，逐渐减少，直至消失。我，直到晚年，才深深感到其中的酸苦滋味。”孙犁，同古今中外所有伟大的文艺家——如托尔斯泰、曹雪芹一样，置身一个近于恒定的男权社会中，他们在自己的生活和作品中，都对真正体现人类真善美的女性，投以真诚的关注和赞美，而对她们的远逝和不幸的命运，有着难以释怀的留恋和哀叹！我看晚年孙犁的心态和作品就是如此。

一个老同学眼中的红学家邓遂夫

陈少敏

家境贫寒　禀赋过人

邓遂夫是目前颇引人注目的红学家，他儿时的家境特别贫寒。三岁就失去了母亲，从小和父亲相依为命，靠父亲在大安进盐坝搭一个简陋的竹棚，出售竹器和日用杂货为生，日子过得非常艰难，是真正的“棚户区”长大的孩子，从小学到中学，我和他有九年的同学历史。

邓遂夫生长在中华人民共和国成立初期各方面都较为落后的社会环境之中，尤其在自贡这个僻处西南一隅的小城，当时并没有引起学校和有关方面的真正注意。甚至连他本人也只是兴之所至，偶尔露峥嵘，并没想到今后要在这方面去深入发展。以致他后来参加中考期间，因被学校临时通知去参加文艺学校的招考而被意外录取；走上工作岗位以后，因闲极无聊为报刊撰写诗文而走上文学创作之路；改革开放之初，由于着手创作歌剧《曹雪芹》而歪打正着闯进红学领域……所有这些促使他踏入文艺和学术殿堂的每一步，他几乎都是“无心插柳”。可贵的是，一经涉猎，他便全身心地投入进去，“衣带渐宽终不悔，为伊消得人憔悴”，处处留下让人惊叹不已的足迹。

不畏坎坷，书山求径

邓遂夫自1959年考上自贡文艺学校并于次年正式进入自贡市文工团（后更名为自贡市歌舞剧团），到1979年在《红楼梦学刊》发表第一篇红学论文并于次年受到茅盾、冯其庸、周汝昌等文坛、学界前辈的高度赞扬，直至1989年被迫弃文从商奔赴海南，1999年重返文坛后推出《脂砚斋重评石头记甲戌校本》……前前后后40年光阴，他至少有一半以上时间是在“政治运动”的险风恶浪中颠簸浮沉，饱尝了挨批、坐牢和颠沛流离之苦。而他竟然奇迹般地一次次打倒又一次次爬起来，而且完全凭着顽强的个人自学与钻研，日积月累地攻读了包括一般中文系大学生和研究生必读的种种课程以及目前一般中文系大学生和研究生不大去接触的诸如文字学、训诂学、音韵学、版本学、校勘学等较边缘的课程，同时还广泛地熟读了经史子集、中外文学乃至上至天文下至地理的各类典籍。他经历了那么多的人生坎坷，加上长期不对口的工作和养家糊口的奔波，怎么可能挤出足够的时间和精力来实现这一切的呢？

“很简单，”邓遂夫如是回答，“在‘文革’的中后期，我已看破红尘毅然辞去官场和社会职务，一个人躲进书斋，寒窗苦读五六载——这是我一生中最扎实的一次自我修炼。后来在改革开放之初，因受地方上个别权势者的压制、排斥，有力无处使，又趁机钻入书斋，进行了再一次的脱胎换骨。到了20世纪80年代中期，小有了一点成就和影响，外地几所大学和文学研究所要调我去，自贡市又以人才不外流而卡着不放，这进一步成全了我——使我有了在学习与研究上集中精力更上一层楼的绝妙机会。损失的，只是职称、头衔、级别、待遇等身外之物。这一点我毫不在意。直到现在，我仍然在不断地充电，一刻也不敢停止自己的学习与思考。甚至连走路、乘车、上厕所都在阅读和写作啊！我觉得我活一辈子，至少应该相当于有的人活两辈子、三辈子才行。否则，便浪费了我好不容易才磨炼出来的智慧和才能。”

邓遂夫不抽烟、不喝酒、不打牌、不讲究吃穿，工作与写作的收入，大都用在了购书上。只要他觉得有用或必须买的书，三五百元甚至一两千元的价格，都会毫不手软地买下来。仅在海南工作的十年，他购书即达数千册，每次搬家，装书的纸箱和麻袋就多达二三十件。后来出差日久，回海南的住地一看，门被人撬了，所有财物被洗劫一空，他别的不心疼，单单心疼那数千册书。

凡一时买不到的必备书或从未出版过的某些必备资料、版本，他往往不惜一切代价地借出来一页页复印。例如，在北京校订《红楼梦脂评校本丛书》，他除了到旧书市场用数百元、上千元的高价购回过去遗失的《苏联列宁格勒藏抄本石头记》《蒙古王府本石头记》等影印本之外，还设法借来一时无法购买的《舒元炜序本红楼梦》《郑振铎藏残本红楼梦》等影印本进行复印，同时还借来过去不为学术界重视因而从来没有影印出版过的《戚蓼生序本石头记南京图书馆藏本》（所谓“戚宁本”）进行复印。

披荆斩棘　奋斗不止

在邓遂夫60年的人生之旅中，尽管经历了一般人难以想象的风风雨雨、坎坎坷坷，但正是通过他超乎寻常的努力奋斗，才在其本职工作和学术领域取得了令人艳羡的成就：如创作演出了大型历史歌剧《曹雪芹》（又名《燕市悲歌》），陆续发表了《曹雪芹续妻考》《红楼梦主题辨》《脂批就是铁证》《“绛洞花王”小考》《〈红楼梦〉八十回后的原著是怎样迷失的》《关于〈红楼梦〉时代背景的若干问题》《走出象牙之塔》《曹雪芹箱箧公案解密》等数十篇影响深远的红学论文，结集出版了两部重头著作《红学论稿》《草根红学杂俎》，校订出版了轰动一时的《脂砚斋重评石头记甲戌校本》，即将出版呼声甚高的《红楼梦脂评校本丛书》另外两种，以及他的个人散文集《杂巴古董集》等。在茅盾辞世之前，这位与邓遂夫素不相识的文坛巨擘，仍带病向有关方面致函，称赞这位红学新人的文章“持之有故，言之成理”，“发表后引起大家注意作新的探索，会有新的发现”。红学泰斗周汝昌更是称赞邓遂夫为“红坛来哲”中的“佼佼者”，甚至说他在世纪之交出版的新书，是“红学的希望之光示现于天际”，“必将为长期以来沉闷无光的红学局面打开一个崭新的纪元”。早在23年前，北京的《新观察》杂志就以“休言老去诗情减——访著名红学家俞平伯”和“红学新人邓遂夫”为题，对这两位引人注目的新老红学家作了专题报道。新千年之初，包括《人民日报》和《光明日报》在内的全国众多新闻媒体，又纷纷用了“填补版本史上的巨大空白”“让红学走出象牙之塔”“走向民众”“走近曹雪芹”等种种醒目的标题和文字，广泛地报道和评介了邓遂夫校订出版的《脂砚斋重评石头记甲戌校本》。而且，在古典文学图书市场曾经一度萎缩的今天，邓遂夫出版的这部书竟然能一版再版地持续畅销，并能连续数月进入国内一些大型书店的畅销书排行榜，甚至由此而掀起近几年的新一轮“红学热”，这不能不说是一个令人惊叹的奇迹。

提携后辈，力举前贤

由于近两年邓遂夫返回故乡赶写书稿，在他排得满满的工作日程中，便不免要随时冒出一些为促进故乡文化事业的发展起推波助澜作用的额外事务。

比如2002年夏天，邓遂夫刚回到自贡不久，因从报上看到一则消息，说是自贡有一个叫杨晶晶的女孩，在完成大专学业的过程中，凭顽强的毅力写成了一部30余万字的长篇小说《玫瑰庄园》，内容是表现一个中国女孩在200年前的英格兰所发生的故事。杨晶晶的父母为了圆女儿的文学梦，托人向出版社联系出版。出版社以书稿写得较粗糙、须请人协助修改为由，向其父母索要昂贵的自费出版费用。邓遂夫顿生好奇与侠义之心，在见报的当晚便赶到杨晶晶家里，问明情况，并将书稿拿回家连夜审读。第二天便向杨晶晶及其父母表态，愿意立即放下手中的写作，赴京为其落实该书的出版事宜。后来在邓遂夫的努力争取下，不仅和出版社签订了正规出版此书的合同，还在出版社的安排下，由他亲自协助作者进行修改加工。邓遂夫为此而放下自己的书稿，足足花了八九个月的时间和作者一起反复修改，终于在2003年4月由作家出版社正式出版了此书。尽管此书出版时正赶上“非典”流行的高峰期，原定作为重点图书隆重推出的在京召开新闻发布会和在全国各大城市举行签名售书仪式等均临时取消，但此书的发行量仍超过了同期出版的一般小说，在读者中获得了较大的反响与好评。

最近一个事例，则是为彰显故乡的文学前辈——以《厚黑学》闻名于世的讽刺文学家与思想家李宗吾——而奔走呼号。

李宗吾出生于自贡市的市中心自流井区，既是邓遂夫的同乡，又是邓遂夫的文学前辈。说来也巧，李宗吾去世于1943年秋天，而邓遂夫正好在那一年的春天出生；李宗吾被世人称为“厚黑学宗师”，邓遂夫则是自贡享誉全国的著名红学家。这一“红”一“黑”两代文化名人，竟紧密地连在了一起。邓遂夫自20世纪80年代起，便不断地在各种场合呼吁家乡的有关部门重视对李宗吾及其作品的研究，呼吁尽快搜集有关李宗吾的文物资料，建立李宗吾故居纪念馆。多年的呼号都未见成效，邓遂夫便利用今年自贡市召开人大、政协两会之机直接上书，终于引起两会代表和传媒的广泛关注。进而，便有越来越多热心于此事的自贡文化界和其他各界人士聚集在邓遂夫周围，商议筹备成立李宗吾研究会等事宜。他们不顾各种阻力，筹措资金，搜集资料，撰写文章，制定章程，一面向有关部门递交成立研究会的申请，一面开展为李宗吾扫墓、筹备召开首次李宗吾学术研讨会等活动，在自贡文化界形成了一道独特的风景。

我问邓遂夫："你去忙这些事，难道不影响你自己的写作计划吗?"他答道："当然影响，而且影响大啦。"

我相信，一个累遭厄运而不改奋斗向上之初衷的人，别说眼前的道路已经较以前宽阔、平坦、充满了希望，就是今后再遇到什么刀山火海、风沙弥漫，又能把他怎么样呢！他不照样可以不顾一切、勇往直前地去创造未来，去继续追求瑰丽的人生吗!

我为自己有这样一位脚踏实地的老同学、为家乡有这样承前启后的优秀文化人而感到骄傲、自豪。

“梅花院士”陈俊愉的梅花情结

天 琪

陈俊愉先生，现为中国工程院资深院士、中国园艺学会副理事长、中国花卉协会梅花蜡梅分会会长、国际园艺学会国际梅品种登录权威、北京林业大学教授、博士生导师、名花研究室主任。已发表论文200余篇，出版专著16本，培养各类研究生30余人。

炎夏的傍晚，笔者登门看望陈老：一是问候老人家的身体；二是想和老人聊聊，分享近日的一份高兴——南方某报登了一条消息，说陈俊愉院士的提议，获得60多位院士的支持与签名，呼吁尽快把梅花定为我们的“国花”！一见面，陈老就高兴地对我说：“我年年说梅花，年年争国花，今年7月1日的工程院院士年会上，我只讲了20分钟，一下子就有这么多人来签名赞成，定国花的事不能再拖了！”

梅花志向与梅花情缘

夕阳在玻璃窗上涂抹着一层瑰丽的霞色，白发如雪的陈老热情好客，为我沏的茉莉花茶馨香沁人。我坐下问陈老，您被人誉称为“梅痴”“梅花老人”，还有“梅花院士”，不禁让我想起古代文人中的“梅花道人”“梅花居士”“梅翁”，您这一生算是对梅花情有独钟了吧！陈老笑了笑说：“这话长了，1917 年，我出生在天津，是个旧式大家庭，后来随家迁居南京，年幼的我一放学就跑到后花园里和花匠泡在一起，看他们莳花弄草，我从此对园艺有了浓厚兴趣。”“那后来您就立志干这行?”“对，中学毕业时，想学这门，可这里谁也不知道这方面的专业和学校。后来，听说南京私立的金陵大学有个园艺系，我高兴极了，可又听说学费太高。我就向家里哀求，表示：非此校此专业不上。幸好得到祖父支持，他还表示给我各种费用。可开学时一看，这个专业真是个大冷门，全班总共才两个学生。而教授却有四五位——真是师资力量雄厚啊！这其中有一位花卉教师，就是解放后当选为中国工程院院士的汪菊渊教授。”陈老告诉我，他 1943 年毕业后，获得了农学硕士学位，又有幸随汪菊渊先生去了成都，当他的助教，跟随汪先生一起研究梅花。四川本是我国产梅地区，1947 年，陈俊愉出版了第一本研究专著：《巴山蜀水记梅花》，收录了他在四川发现的野生梅花品种 35 种，对它们的分布、习性作了较全面的论述，被人称为蜀中第一“梅花秘籍”，由此也奠定了他研究梅花的志向。

说到成都和梅花，我想起了陈老平素喜读陆游的梅花诗，就开口诵了两句：“当年走马锦城西，曾为梅花醉似泥”——陈老兴致勃勃地接诵道：“二十里中香不断，青年宫到浣花溪。”我高兴地追问，您老一定熟悉从青年宫到浣花溪这段路吧！“熟悉、太熟悉了！我就是默诵着这首诗，效仿陆游‘城南寻梅’，在这条路上走过不下 20 回呢！你知道，陆游还有两句最绝妙的句子。”我说，是不是“何方可化身千亿，一树梅花一放翁”?“嗯，陆游爱梅花真是全身心地投入，甚至到了生命的尽头，也要保持梅花的品种。所以，我最喜欢的是他那两句：‘零落成泥碾作尘，只有香如故。’我的科学研究绝不仅仅是面对一种花或一种植物本身，中国的花卉事业是和我们民族的传统、文化精神紧紧契合在一起的！”后来，陈俊愉获得了国民政府最后一次公费留学的机会，乘船赴丹麦哥本哈根皇家兽医及农业大学攻读花卉专业，求学期间，仍不忘情他心中的梅花，继续研究，立志让中国的梅花为全世界的人所知所爱……陈老回忆说，当时的教育总长是陈立夫先生，临行前还给我们讲话。20 世纪 80 年代，他来大陆，我与他会面，他当然不记得我这个当年算是青年学子的陈俊愉，知道之后，他很高兴，还给我写了一幅字。陈老指着墙上一幅笔健墨沉的书法：“不忮不求”，说：“陈立夫先生生前为两岸交流和实现和平统一做了不少事情。”

1950 年，陈俊愉回国，任武汉大学园艺系教授，依然倾心于梅花的研究。每有闲暇，他便划着小船到对岸磨山。磨山，在武汉的东湖之中，三面都是水，很似杭州西湖的孤山。当时政府正在筹建东湖风景区，要大面积植树种花，被聘为顾问的陈俊愉开始调查梅花的品种和资源，搜集了大量的第一手资料，还萌生在东湖磨山创建“梅园”的念头。“当时东湖风景管理处的万流一处长很支持我，于是‘跑马圈地’，在湖畔征得 100 多平方公里，有土地有水面，成了我梅花人生的一个好舞台。”陈老说。“您在磨山还有一位也像您一样痴迷研究梅花的挚友吧？”我问。“对，他叫赵守边。最初他不在磨山工作。1952 年，我听说赵守边对园艺很有研究，就登门拜访了他。我俩志同道合，成了莫逆之交。”“听说你们当初科研条件很差，生活也很清苦！”“是的，守边老友算是‘两袖清风回碧落，一生心血沃梅花’了。2003 年 10 月，他患心肌梗死故去了，可惜我因有事没能亲往送行，真是对不住他啊！”陈老情绪有些黯然，停了停又继续回忆说，当时他们几度入川，整天跋山涉水，午餐是一个鸡蛋两个土豆。山里野兽多，他曾和一只豹子相遇，还有一次他坠入急流冲下50多米才得以逃生。他们苦苦寻觅、购买梅花名品，后来用了两艘登陆船沿江而下，运回1000多株梅花，其中有“大羽”“凝馨”“江南”“粉口”“白须朱砂”“金钱绿萼”这样难得的名品，都种在了磨山的梅花岗，凭借这些家底儿，奠定了磨山梅园的基业。“后来，您调到北京，就剩下赵先生了吧?”“是，赵老为了梅花事业真是尽心尽力，他自己又几次赴川、滇、黔购买名梅，真的很辛苦……赵老还有一件大功劳，就是‘文革’前夕，我曾将‘骨红垂枝’‘双碧垂枝’等4个优良品种，让人从北京运到武汉磨山，托付给赵老保存，赵老把它们种在磨山偏僻之处，那里交通不便，只有木划子（小船）可通。这样，这批梅花珍品才幸免于难。”“那么，其他梅花呢?”“其他可就难逃浩劫了，东湖的梅花大片砍伐，侥幸留下的也因无人养护而凋残，赵守边被免去植物园主任的职务，监督劳动，受了不少罪。‘文革’完了，我1979年重访磨山，当时正是梅花烂漫时节，看到了劫后余生的30余个品种300多株梅花开了花，高兴得千言万语不知从何说起。晚上，我拉着赵老喝了不少酒，他本不善饮，我俩都‘醉似泥’了。”

我问陈老，武汉东湖之滨的“中国梅花研究中心”，可以说是中国梅花科研的大本营了，是哪年创建的？陈老说，1991年3月在东湖磨山梅园挂牌的。这里拥有206种梅花品种，其中有43种是新培育的。它不仅是为人民群众提供一个赏梅、爱梅的乐园，更重要的是它成了全国最大的培育和研究梅花的基地，还成了进行国际文化交流、发展梅花贸易的纽带。今年2月，在此召开的中国第九届梅花蜡梅展览暨梅国际学术研讨会，就盛况空前。“中国梅花研究中心”的匾额，是请台湾的蒋纬国先生书写的。在台湾民众中很有威望的蒋纬国先生热衷于培育梅花，是个专家。陈老是当了中国梅花协会会长之后才与蒋先生联系的，先把他的《中国梅花品种图志》托李锦昌先生赴台北时转奉给蒋，并捎去两棵珍品梅花，蒋先生很高兴，不仅回了信，还寄来他的大作《弘中道》……陈老边说边翻找出蒋纬国先生给他的两封信给我看，全是用工整秀劲的小楷竖行写的。第一封信短，1995 年 4 月写的。第二封信较长，1997 年 8 月写的，我读完后，被字里行间的真挚之情所感染。蒋纬国先生期待着“梅开两岸促一统，道扬环宇兴中华”，无疑是两岸同胞的共同心声。当时，陈老和中国梅花协会打算于 1997 年在台湾召开“第五届梅花展”和“学术研讨会”，对此，蒋先生在信中遗憾地表示：“以纬国当今政治关系，必不易交涉获成也。”没料到，一年多后，蒋先生驾鹤西去，“我终未能和他见上一面”。陈老为之叹惋不已……

梅花“北上”与梅花登录

我问陈老，全国哪儿的梅花最多最好？陈老答道：“四川，还有云南。”又说：“四川的梅花尤其好，观赏层次高，分布广。”我又问：“历来有‘老梅花，少牡丹’的说法，讲的是赏梅越古越好，那么，现在全国还有多少古梅，分布在哪儿?”陈老告诉我，世界各国习惯以 100 年作为古树树龄的起点，我们也不例外。我们在古梅的登录中，树龄起点提高 200 年，因为在云南百年以上古梅很多。目前全国探明的 200 年以上的古梅有 60 多株。云南就有 45 株，其中 4 株元梅，5 株明梅。我说，不是还有唐梅、宋梅吗？陈老笑了：“那都是假的，还有什么隋梅，那都是在老树桩上长的，宋梅在杭州超山，1933 年就死了。云南和四川交界的宁蒗县扎美戈喇嘛寺北坡上，有一株扎美戈古梅，树龄在 720 年以上，算是现存最古老的名梅了。还有云南明曹溪寺的‘元梅’也有 700 年了。”

谈到梅花生长分布，陈老说，大致分布在长江流域、珠江流域、西南及台湾地区，最北不过到秦岭南、皖南、苏南一带，梅花的天性是喜欢温暖湿润的，所以文学作品中的“踏雪寻梅”和“雪虐风饕愈凛然”“梅花欢喜漫天雪”的诗句，多是文学家的浪漫想象，梅花是不喜漫天雪的，在无法躲避风雪时，只能“忍受”，这也是一种坚韧不屈的品性啊！

为了打破“自古梅花不能过黄河”的惯律，青年时代的陈俊愉就立志把生长在南方的梅花“牵引”北上。20 世纪 40 年代，陈俊愉尝试把梅花移植他正留学的丹麦，一时未成而不气馁，50 年代初继续他的“南梅北植”研究。1957 年，他和同事把从湖北沅江骨和南京采集的梅树种，在北京植物园大面积播种，再进行选苗培育，大约五年后，亭亭玉立的幼梅开花结果了。从几千株梅苗中选育出的“北京玉蝶”和“北京小梅”，竟能抵抗北方 -19℃的严寒，生机盎然的新品梅花给大家带来了难以表述的喜悦，他们总算成功地跨越了第一步。此后，陈俊愉开始指导研究生通过种间杂交培育更抗寒的新品种，通过与杏、山桃的杂交又获成功，成树可抗 -30℃到 -35℃的低温，并把抗寒梅苗移植向晋、陕、甘、内蒙古等地。试种结果，有的品种不仅突破北方越冬成活的“瓶颈”（冬春季的低温干旱），而且花期延到春季绽放，真正结束了京中露地无梅的历史。截至 2003 年，美丽高洁的梅花，由江南到北京再到“三北”地区，跨越了 2000 公里的路程后，使历代诗人吟咏不衰和华夏子孙钟爱的梅香梅影遍及九州，这在世界园艺史上也是一个奇迹。

陈老于 1998 年被任命为梅品种的国际登录权威，他说，国际上有个“国际园艺学会命名与登录委员会”，设在英国伦敦。什么叫“国际登录”呢？简单比方，就是获得一个“国际名片”。品种登录代表了该种（类）植物品种的改良与分类等方面的世界权威性，品牌需要注册后才能被承认和得到法律保护。

目前，在国际登录权威（ICRA）登录系统中，几乎包括了一切主要的花卉种类，而我国终能以梅花入录，且与梅花为伴一生的陈老也首获殊荣，我说全中国的人都会为您高兴为您自豪的。陈老却说，别忘了，我国是被世界公认的“园林之母”，现在还只有梅一种，其他花卉都未得到登录审批权。

我又问正在建设中的地处京郊鹫峰的“北京国际梅园”的事，这是陈老一生中继武汉梅园之后的又一杰作。陈老说：“由于我们培育了30个抗寒品种的梅，由于我们被国际园艺学会批准为梅品种登录权威——现已由我们登录了全球261个品种，这使我们具备了创建国际梅园的条件，这个梅园预计在2007年元旦前建成，占地5公顷，内栽露地梅30余个品种，按‘花卉二元品种分类法’布置，既反映科研成果，又体现文化内涵和艺术韵味。园内建4座园林，3000多平方米的展览温室又分6个馆。打算在2008年奥运会召开之际迎接中外游人，给我们北京和国家锦上添花。”“我也盼着去看看这个出现在地球高纬度上的‘香雪海啊！’”我被陈老的激情感染了。

梅花精神与推选“国花”

又谈到“国花”一事时，陈老的语调和心情有些不平了。他喝了一口水，继续说：“我从1982年起首倡评议国花为‘一国一花’，是梅花。1988年，改变主张为‘一国两花’，是梅花和牡丹。我曾翻阅过100多个国家的现行宪法，均无关于国花的规定，而有国徽、国歌、首都、法定文字等。可见国花是不上宪法的，其群众性强，政治法律性弱，它是老百姓的事，约定俗成，发扬民主，再经批准即可。选好国花，可以鼓舞人民爱国、爱家乡、爱自然、爱园林绿化、爱民族文化传统。现在全球已有100多个国家认定了自己的国花。比如荷兰是郁金香，享誉全球，荷兰人引以为自豪而且靠花富了起来。德国国花是矢车菊，本不太起眼的一种花，但德国民心所愿，'二战'后分为东德、西德，两国各自仍尊矢车菊为国花，后来拆了墙合并了，国花还是原花，与政治无关。"我说："也许有的人思想一时绕不过弯来。"陈老说："把牡丹定为国花，是慈禧太后时的事，到了国民政府时，1929年由当时的内政部、教育部审定梅花为国花。这是过去的历史了。我20年前发表《我国国花应是梅花》，曾引起海外关注，香港《明报》发表社评表示赞成。至于梅花精神，对于今天的我们更为重要，我平生为之倾倒。梅之冰清玉洁、坚贞不屈，是我们民族魂。我们中国赖以延续，正是这种在世界文明古国中唯一没有中断过的精神。"

"梅的精神、兰的气质、竹的节操、菊的情怀，不仅长存在中国文人的优雅精致的精神世界里，而且，始终是徘徊在我们民族灵魂深处的心曲，在灿烂悠久的中华文化中，堪称是'核心象征'，在'四君子'中，梅花居首。"我说，陈老点头称是。他说："被世界誉为'园林之母'的中国，是迄今尚未确认国花的唯一大国。我们已经陷入被动！'一国两花'的设想，契合我们的国情，牡丹体现着我们向往繁荣富贵的愿望，而梅花则象征着我们民族高洁、坚贞、不屈不挠的品格。"

我忽然想问陈老"文革"时的遭遇，陈老似乎不愿多谈，只是说，那是一场风雪交加的噩梦：多年培育的梅苗被焚烧，恩爱的前妻被迫害而亡，中断研究去劳改达15年，这些过去的事情早已不想再说了。最后他又说："用梅花的精神来做梅花的事业，我的全部心思都在我的梅花上。"

台宗大德　南海高僧

——觉光法师事迹纪实

朱　哲

觉光法师是我国当代有名的高僧。俗姓谷，名成海。1919 年出生于辽宁省海城县（今营口县）虎庄村。历代务农，母亲是一位虔诚的佛教徒。

邂遇青一

法师天资聪颖，从小就不茹荤酒，四五岁时常常跟随母亲到寺庙里烧香拜佛。1929 年，江苏扬州高旻寺青一老和尚到东北募化，就住在虎庄村关帝庙内。那时觉光法师刚刚十岁，常去庙内，青一见这个孩子聪明伶俐，非常喜欢。而这个孩子，对跋山涉水远道前来的苦修老和尚，也非常仰慕，渐渐地，他们之间有了感情。半年之后，青一离开虎庄村时，这个小孩却悄悄地跟在他的后面。走了很长一段路，青一才发觉有人跟在后面，很是诧异，就问他为什么要跟来？不料这个孩子竟然说：

“我要出家。”青一见他年纪太小，就再三劝他回去，免得家里挂念。可是这个孩子无论如何不肯回去，一心出家。青一无法，只好带着他走了。这个小孩，就是日后遍参各教，博通诸经的觉光法师。

天童受戒

不久，青一带着这个小沙弥到了上海，在海会寺“挂单”。原曾打算回高旻寺，因为高旻寺是全国有名的修行道场，这样一个还没有受戒的小沙弥，怎能去坐“禅堂”呢？为了造就法器，青一法师毅然改变主意，带着他到了浙江宁波天童寺。由于他身材长得高大，住在丛林，并不显眼。不久，天童寺放戒了，各地的小和尚纷纷前来，要求受戒。在受戒前，每个小和尚都要填履历，进行登记，这时才发现他还不足12岁。按照戒律规定，不满12岁是不能受戒的，可是，送他来的青一老和尚突然不知去向。这件事传到了得戒和尚圆瑛法师那里，圆瑛就命侍者把这个小沙弥领来，圆瑛见他应对如流，小小年纪不远千里迢迢，从东北来到江南，可见道心坚苦，求法心切，就打破传统惯例，准他登记受戒，赐他法名为觉光。

受戒后，觉光就住在天童寺，得以日夕亲近圆瑛法师，得其教诲不浅。过了没有多久，圆瑛因为要到外地去讲经，就对觉光说：“我马上要出去讲经，你勤奋好学，日后大有希望，可去观宗寺参学，那里有佛学院可以进修。”

观宗学法

就这样，圆瑛法师把觉光介绍给观宗寺的方丈宝静法师。四明（即宁波）观宗寺，是江南著名的僧伽学府，是近代高僧谛闲老法师为继智者慧命，中兴台教而开山创建的。设有戒律学院、研究院、弘法院等等，既宗既教，亦律亦净，规模严整，措置有方。当时在各院执教的高僧，有兴慈法师、摩尘法师、静权法师、逸山法师、白光法师等等。

觉光法师在观宗寺弘法学院住了数年，夙兴夜寐，淬厉奋发，系统地研读了经、律、论三藏典籍，深为宝静法师赏识。

海岛深造

1939 年间，宝静法师为了昌明佛法，造就一批德才兼备的弘法人才，苦心孤诣，特在香港荃湾创建弘法精舍。写信给观宗寺，嘱遴选勤奋好学、有志弘法的僧青年送港学习，信中特别指明要觉光法师，这时觉光才 19 岁。

弘法精舍，不仅要求每一个学僧都能精通佛法，而且要掌握一般的世俗学，并为了适应海外环境和国际交往的需要，还要懂得外国语言、文字。

宝静法师，时人誉为“台宗忠臣，法门健将”，受过高等教育，是个大学生，向以度生为己任，弘法为家务，培育僧才，是他的夙愿。在香港法缘殊胜，皈依的弟子很多，除兴办僧伽教育事业外，还另建香港正觉莲社，许多在家男女信众，每星期一次，在这里聚会念佛，研讨净土法门。

弘法精舍开学后，深受当地佛教界人士推重，不料后来发生了意外事故，学院只得停办，一些学僧仍被遣回观宗寺，宝静法师单单留下了觉光法师一人，把他安置在九龙粉岭静庐。宝静法师经常向觉光讲解天台教义，关心他的学业，关心他的生活，把他作为自己后继的接班人选。在宝静法师的谆谆教导、精心培育下，觉光法师进步很快，学业大进。宝静法师离港外出弘法时，寺内一切大小事务，就全由觉光法师权衡处理。

避寇龙华

1941 年 12 月 7 日，日军偷袭珍珠港，8 日，日本对英、美宣战，太平洋战争爆发，菲律宾、马来半岛、缅甸、印度尼西亚等，相继被侵凌，香港亦不幸失守，惨遭浩劫。觉光法师既痛梓里久为日寇侵踞，复悲客舍又遭日寇攻陷，翘首云天，新仇旧恨，无限愤慨。翌年初，觉光法师就满怀爱国热忱，几经风险，辗转来到国内，曾在广东韶关南华寺亲近虚云老和尚。随后又经广西桂林，到达桂平西山龙华寺。这时巨赞法师在龙华寺任住持。

觉光和巨赞两位法师都是誉望攸隆、器度宽恕、心术仁厚的长者；都是殚心竭力、弘扬正法的大德。虽然他俩各有不同的风格，在宗派上是不协调的，在理论上是对立的，可是他俩爱国爱教的高尚品德是完全相似的、一致的。他们意气相投，肝胆相照，在患难中建立了深厚的感情，他们合作得非常融洽，经常切磋学问，共同协商解决庙里的事务，终成莫逆之交。

“一日不作，一日不食”，觉光法师随时随地均能保持佛教的这一优良传统。他常常带领寺里的僧众，植树造林，绿化环境，参加劳动。在山上还种了不少茶树，摘茶叶、炒茶叶等工序，觉光法师无一不亲临督导。西山茶叶，味美可口，商人竞相购买，销路很好，龙华寺里的各种开销和众僧的生活费用，均以此维持。对此，巨赞法师常常夸赞觉光。

那时我正在桂平工作，距离西山很近。因为萍飘浮泊，频年流浪，饱经忧患，心多哀思，每念神州残破，寇焰嚣张，就忧思如堵。我的祖父母和父母亲都是佛教信徒，对我有一定程度的影响。因此，浪迹所至，凡有寺庙的地方，我总要去朝拜，恭敬三宝。巨赞法师是我的同乡，在梧州就已相识，觉光法师则是来西山后认识的。我每周总要抽一两天时间上山，去亲近两位法师。巨赞法师常常跟我谈法相、唯识，有时还谈些禅宗的参话头；觉光法师与我谈的主要是天台止观，其次谈些净土法门等等。两位法师对我殷殷教诲，使我获益很大。尤其是觉光法师，他律已严，诲人勤，平易近人，和蔼可亲，和我更投机，给我印象最深。

隐迹南山

1944 年，日军在海上的补给线，几乎全被盟军切断。为了挽救其覆灭的命运，日军疯狂挣扎，连陷长沙、衡阳、桂林、柳州等地，妄想开辟一条纵贯我国东北到西南，直通缅甸、越南的陆上运输线。此时由于国民党军队连连败北，桂平风声鹤唳，一夕数警。沦陷前夕，巨赞法师和觉光法师，不得不含悲忍泪分手离开。巨赞法师经容县等地避往北流，觉光法师则避往浔德圩等乡间。贵县刚一收复，觉光法师即来到贵县，那时我也在贵县。觉光法师住在离县城三四公里的南山寺。同在桂平时一样，我每个星期天都去南山，亲近觉光法师，法师对我也更加关心照顾。

南山地处僻野，香火寥落，觉光法师在此晦迹韬光，馈不食，寝不寐，勇猛不懈，精勤修持，阅读了大量经典著作，写了数百条读经札记，他的书架上、桌子上，到处都堆满了书籍和笔记本。“如欲流长，必先濬其源；如欲木茂，必先培其本”，“锲而不舍，金石可镂”，法师终于在佛学上取得了卓越成就。1945 年 9 月 2 日傍晚，我从收音机里听到日寇无条件投降，八年抗战终于胜利的消息，不胜欣喜。连夜赶到南山，迫不及待地把这个振奋人心的特大喜讯告诉了觉光法师。觉光法师也是热泪盈眶，喜出望外。紧紧握着我的手连连说：“阿弥陀佛，总算胜利了，这就好了！”

不久，觉光法师就搭乘便船返回香港。我到江边依依不舍的送别时，法师犹谆谆以净业相勉，并以挂表相赠，嘱留纪念。望之深，期之切，法师拳拳垂爱之情，40 年来常萦梦怀！

弘法南海　饶益众生

觉光法师回到香港后，积极拓展弘法工作，与海仁法师、显慈法师、筏可和尚、霭亭法师、茂峰法师、茂蕊法师，陈静涛、王学仁、林楞真等大居士，重新组织了香港佛教联合会，集体领导香港四众佛弟子，使战后香港的佛教得以迅速恢复和日益发展，尤其是对香港的社会教育、慈善事业方面，作出了巨大贡献。

20 多年来，亦即自觉光法师担任香港佛教联合会会长以来，在法师的领导下，香港佛教事业不但有了显著的建树，甚至不少左道旁门，也被感化过来。

香港华洋杂处，阶层复杂，有六大宗教组织，信徒约占全港人口的百分之九十。这是不可低估的社会潜在力量。如何领导这股力量，使之更有利于社会、更有益于人类，这是一个非常重要的问题，而且是个很艰巨的任务。假如宗教界的领导人，囿于派别，抱着成见，各自为政，相互排斥，不能开诚布公，协力合作，那就势必会影响到各个宗教相互之间的团结，这不仅会有损宗教本身的积极意义和价值，而且会导致宗教徒之间的矛盾和对立，这对社会将是很不利的。对此，富有远见的觉光法师，想方设法，极力改变宗教之间的门户隔阂，昕思夕筹，做了大量工作，促使相互信任和合作。在法师的奔走说合、大公无私的帮助下，各大宗教团体终于团结一致，联合起来，成立了六大宗教联谊会。联谊会经常开会，遇到有什么问题或误会，都能及时消除、解决。

这样一个融洽的、人人称道的宗教组织，就世界各国看来，可以说还是个创举。

名高望重　饮誉国际

觉光法师在国际宗教界享有很高的声誉，各国宗教首脑到香港访问时，都要拜会他，进行会谈，交流经验。

为了沟通各国佛教关系，联络各国佛教徒的友谊，觉光法师不辞辛劳，远渡重洋，多次出国。早在 1962 年，他就参加了在泰国曼谷举行的世界佛教友谊大会，与会者有 40 多个国家和地区的佛教组织。这次大会共开了七天，由泰国国王亲临主持开幕仪式，会中提出和讨论了统一佛诞、佛纪、佛教旗帜及今后如何加强联络、展开活动等重要议程。

之后，觉光法师率香港区代表团参加了在柬埔寨首都金边举行的第六届世界佛教友谊大会，以及在印度举行的第七届世界佛教友谊大会。在开会期间，代表团还到泰国、马来西亚、新加坡、锡兰（即斯里兰卡）、尼泊尔、仰光、柬埔寨、菲律宾、韩国、台北等处，进行了考察、访问，加强了佛教徒彼此之间的友好合作。

世界华僧大会第一次代表大会是在台北召开的。觉光法师率领了由 60 多名代表组成的代表团出席了会议。觉光法师审时度势，在会上作了要守经达权，补偏救弊；慎始审终，因时适变的很具体的重要发言。他的发言，条理分明，结合实际，受到了各方面的重视。

1970 年 4 月，香港佛教联合会假座香港大会堂，召开了世界弘法大会，邀请了泰国僧王主持开幕典礼。并在黄凤翔中学举办佛教文物展览会，觉光法师以东道主身份，亲自殷勤招待来宾，深得各方好评。

同年，在韩国举行了世界佛教联合会筹备会议，觉光法师又风尘仆仆亲率代表团前往出席，参加这次筹备会议的共有 18 个国家和地区。

会议就如何组织联合会，促进彼此了解，借以加强国际佛教的团结等问题，共同进行了认真的、有益的商讨。

1972年，觉光法师荣膺世界友谊会香港地区分会会长；1975年，任世界宗教和平会议常任理事；1977年，任香港、韩国佛教信徒联合会名誉会长；1978年，任香港六大宗教领袖联席会佛教首席代表；1981年，任世界佛教僧伽会副主席。

觉光法师好学不倦，三藏典籍，无不贯综，不愧为当代杰出的高僧。他的信徒和皈依弟子在世界各地很多，在香港社会有着特殊的地位。香港政府领导都非常尊敬他，历任港督从葛量洪爵士到尤德爵士，每年都要邀请他参加园游会，庆祝女王生日。近年来，觉光法师更常去美国、加拿大等地弘扬佛法。

瞻礼祖国　荣归故里

1984年9月28日，觉光法师暨副会长黄允畋居士，应国务院港澳办公室的邀请，偕同总干事区洁名居士来到北京参加国庆观礼。法师在港弘法近40年，他经常关心内地的佛教事业、故乡的亲友和祖国的社会主义建设。这次躬逢盛典，觉光法师特从美国赶回，怀着无比喜悦的心情欣然北上。9月30日晚，法师出席了庆祝中华人民共和国成立35周年国宴，参加了观礼活动和焰火晚会。10月3日上午，邓小平同志在人民大会堂接见了觉光法师等港澳同胞国庆观礼团。邓小平同志对法师很关心，同他谈了话。3日中午，国务院宗教事务局假友谊宾馆宴请了觉光法师一行。

结束了在北京的观礼和访问活动后，觉光法师又怀着无比激动的心情，回到了阔别50多年的故乡，探望了久别的亲友。

觉光法师对家乡翻天覆地的巨大变化，对祖国突飞猛进的社会主义建设，衷心悦服，赞不绝口；对祖国亲人的热情款待，深表感谢。

同年12月18日，觉光法师又一次应邀来京，参加了中英关于香港问题联合声明签字仪式观礼。对中英关于香港问题联合声明的签订，他非常赞赏，表示完全拥护。他一再说，这个声明，既照顾了香港地区的实际情况，又充分反映了香港各界同胞的要求和愿望。

觉光法师，有卓识、有远见，明理识时，为香港的繁荣昌盛，为香港的社会秩序、政治稳定，起过积极作用。

我馨香以祷，祝他法体健康，今后在香港能起更多的积极作用，并能为海峡两岸的和平统一，作出更大的贡献。

（本文承觉光法师的弟子秦孟潇居士热情地提供了法师在海外事迹的宝贵素材，借此谨表谢忱。——作者）

我所知道的斯诺与海伦

陈秀霞

中国人民的老朋友埃德加·斯诺（以下简称“斯诺”），是20世纪最有影响的美国记者和作家之一。他于1928年来华，在苦难深重的旧中国生活和工作了13年。中华人民共和国成立后，他又三次访华。他以探索真理的求实精神和勇气，写出了大量真实、深刻并有远见卓识的有关中国的报道，为增进中美间的了解和友谊作出了独特的贡献。

在斯诺1960年首次访问中华人民共和国时，我作为外交部新闻司龚澎司长的助手，曾为斯诺安排访华日程。翌年6月，在参加和平解决老挝问题的日内瓦国际会议期间，我又陪同乔冠华、龚澎夫归前往斯诺在日内瓦湖畔的乡间居所拜访。有幸两次与这位因报道中国共产党和中国红军真实情况而声名远播的美国友人接触，使我对他在促进中美友好方面的贡献有着更深刻的感受。

1936年，斯诺冲破国民党重重封锁进入陕北苏区，采访了刚刚经过长征到达保安的毛泽东等中国共产党领导人及众多红军官兵和普通百姓。采访中，斯诺为红军那种不可征服的革命精神所打动，以饱满的热情写下了《红星照耀中国》（《西行漫记》）一书，在世界范围引起震动。当时美国的一些著名人士，如罗斯福、史迪威、卡尔逊等出于遏制日本法西斯扩张的战略考虑，对斯诺所写的见闻十分重视。

那时我看到的名为《西行漫记》的译本，是上海“复社”1938 年出版的。正如胡愈之在中文重译本序中所写，这本书的出版和发行都是通过上海的群众直接办理的。出版这本书的资金，采取推销购书券的办法解决，一元钱一本。当时上海地下党领导的“学协”负责推动这件事。我的哥哥陈一鸣说，当时学生们购书十分踊跃，第一版的购书券很快就销完了。接着又出第二版、第三版。

为什么这本书具有如此大的魅力呢？因为斯诺用他见到的生动的事实和精辟的分析，回答了青年们思想感情上存在的问题。由于长期以来国民党对共产党的造谣诬蔑和对红色根据地的封锁，许多青年对共产党和红军存在着一些疑虑。中国共产党领导人和红军究竟是些什么样的人？他们执行的对内对外政策是什么？国民党剿了十年“共”，杀了无数共产党和爱国进步人士，西安事变以后，共产党为什么又和它合作抗日？旧中国十分黑暗，人民苦难深重，那么，共产党领导下的苏区又怎样呢？……青年们看过高尔基、托尔斯泰、果戈里等许多描写旧俄社会的小说，也向往十月革命，但中国的革命将是怎么样的呢？在当时，还没有能回答这些问题的书。而《西行漫记》填满了青年们思想认识和感情上的这个空白。他们如饥似渴地阅读着它。斯诺和中共领导人的长篇谈话，像一道道阳光照亮了前进的道路。他笔下栩栩如生的红军战士、工人、农民和知识分子，他们的那种不可征服的精神，那种无坚不摧的力量，那种奔放的热情——为革命理想而献出一切的思想面貌，深深地打动了青年们的心。

不但是青年人，就是那些具有正义感和爱国心的老一辈人，也都赞扬和钦佩斯诺。我的父亲陈鹤琴，参加了一个由工商界、文教界上层人士组成的“星期二聚餐会”，斯诺曾应邀向他们介绍苏区见闻，回答他们提出的问题。斯诺的讲话，在他们心目中留下极其深刻的印象。

富有正义感的斯诺对事物有敏锐的洞察力。当时，他不仅面对上海的残酷现实，还目睹了中国西北大饥荒的惨象，熟悉千百万农民在苛捐杂税、沉重地租和高利贷的压榨下失去土地、卖儿鬻女、离乡背井的情景。他深深感到，中国这个落后的农业国，要么进行深刻的改革，要么就灭亡。中国现在必须要有坚强的革命的领导。

谁是中国革命的领导者？事实教育了斯诺。他写道：“蒋介石反正不是革命者。”1932 年，十九路军蔡廷锴将军违抗蒋介石的命令，在淞沪一带英勇抗日，获得全上海人民的热情支持，而蒋介石却逃到了洛阳，停止给十九路军以任何增援。斯诺对这些都作了忠实公正的报道。

在上海，斯诺认识了鲁迅，并把《阿 Q 正传》译成了英文。鲁迅介绍他认识了许多杰出的青年作家，这些青年人在思想上是社会主义者，他们的作品遭到查禁，他们许多人和鲁迅一样，到处避难。而斯诺把他们的短篇小说译成英文，汇集成《活的中国》出版。海伦为该书写了“现代中国文学运动”一文，这是最早把中国左翼作家的作品介绍到西方去。通过这些作家和作品，斯诺深刻领悟了中国知识分子对现状的不满，体会到他们的思想、生活和反抗精神。斯诺说：“鲁迅是教我懂得中国的一把钥匙。”

斯诺和宋庆龄的友谊也使他对中国的认识提高了一步。他在《复始之旅》中写道：“宋庆龄通过言传身教消除了我的一些蒙昧无知。通过她，我体验到了中国的最美好的思想和感情。那些年月里，她经常介绍我认识一些未来的历史创造者——年轻的作家、艺术家和战士。后来我和她一起把数以千计的难民组织起来，成立了合作社，收养在战争和饥荒中失去父母的孤儿，开办医院……”“宋庆龄帮我认识了国民党的情况，了解孙中山的为人及其未竟的抱负。她还帮我了解她家族的情况，了解她为什么拒绝与宋氏家族一起和蒋介石合作以及其他许多我从书本上无法了解到的事实。”他感叹地说：“多亏早结识了宋庆龄，使我领悟到：中国人民有能力从根本上改革他们的国家，并且迅速地把地位很低的中国提高到凭其历史和众多人口在世界上应占有的地位。”

在 1936 年春，通过宋庆龄的安排，斯诺与北京的一位教授取得了联系。他给了斯诺一封致毛泽东的介绍信，还告诉他同西安地下工作者接头的办法。由于这位教授的帮助，斯诺终于成功地访问了苏区，见到了领导中国革命的中国共产党领导人毛泽东、周恩来等，报道了“人类历史上伟大革命之一的基本历程以及投身这场革命的人们”。

宋庆龄曾对斯诺说：“你以后回来吧！我们算你是弟弟，你属于中国。”20 年后，1960 年 6 月，斯诺终于冲破美国政府的阻挠回到这里，回到在中国共产党领导下的新中国。他兴奋地说：“20 年不见，中国已完全变了样，我感到一下子来到了另一个世界。”“我知道旧中国，所以现在一看就知道变化有多大。”他重访上海。旧上海和它的一切罪恶黑暗已一去不复返。南京路没有以前那种表面上的“繁荣”和“热闹”，也已见不到乞丐和饿殍。上海的社会风气和精神面貌变了。过去“狗与华人不得入内”的外滩公园，现在一清早就挤满了各式各样愉快欢乐的人群。他们在那里打太极拳、舞剑、散步、唱歌。他漫步走进公园找了一个人闲聊，原来那是个以前的小资本家。斯诺问他生活得如何？共产党政府好吗？他表示生活得很好。斯诺还访问过一个工人家庭。他问这个家庭的主人，社会主义好吗？答复是：当然好！过去和现在完全不能比，过去只有我一个人当佣工，养不活全家，现在家里三个人工作，生活过得很好！过去只有资本家、地主有吃的。现在人人有饭吃、有工做，我们还要建设，还要发展，将来也可以做到需要什么，有什么。

斯诺参观了上海工展，他为上海能生产这么多钢材和各种机器而感到高兴！当他看到乐器厂能制造竖琴这样复杂的乐器时高兴地说，这在旧中国是不能想象的！他参观了音乐学院并和师生交谈，听他们演奏后，激动地在留言簿上写道："今天是我重访中国最值得纪念和最愉快的一天。在这里有了巨大的变化和发展，这些变化和发展可以从充分发挥人的创造性的力量中衡量出来……从你们的学校和人员中，我看到了一种高度发展和创造性的新社会精神面貌的表现。"斯诺认为解放后人民思想面貌的变化是场深刻的革命，它比工业建设的革命要"深刻"！在这次访问中，他受到了毛主席和周总理的接见，并与多年不见的许多老朋友会面。在五个月的时间里，他的足迹遍及中国十多个省市的工厂、农村、学校、医院、部队、监狱，并同工、农、兵、学、商、少数民族、资本家以及犯人等 70 余人直接交谈，还采访了末代皇帝溥仪。斯诺表示，中国完全变了个样，其变化范围之广、速度之快令他惊讶。

这次访问后，斯诺做了一件很重要的事，即把两次采访周总理的谈话记录发表在美国《展望》杂志上。周总理的谈话论及许多问题，但核心是中国在台湾问题上的原则立场，这是最早见诸西方报刊的中国领导人关于中美关系和中国政策的最完整的阐述。周总理指出，中美在台湾地区的争端不解决，就不可能有中美关系的正常化。中国政府希望通过和平协商解决中美争端，而不应诉诸武力或以武力相威胁。美国必须从台湾和台湾海峡撤出其武装力量。台湾问题纯属中国内政，中国绝不允许搞两个中国或一中一台。上述立场，后来写入 1972 年尼克松访华时签署的中美上海公报中，成为中美关系正常化的基石。

当 1970 年斯诺最后一次访华时，毛主席曾对他说，中国欢迎尼克松访华，不论尼克松是作为旅游者或是总统来都可以。斯诺随即在美国

《生活》杂志上发表了这一导致中美关系重大突破的消息。

1972 年 2 月 21 日，尼克松总统访问中国，中美关系掀开了历史性的一页。斯诺未能实现作为随团记者来华的愿望，他于 2 月 15 日不幸病逝。毛主席在致他家属的唁电中指出："斯诺先生是中国人民的朋友。他一生为增进中美两国人民之间的相互了解和友谊进行了不懈的努力，做出了重要贡献。他将永远活在中国人民心中。"

和斯诺一样，海伦·福斯特·斯诺也是中国人民坚定的朋友。作为著名美国女作家兼记者，海伦于 1931 年远渡重洋来到中国，当时她才 24 岁，美丽、聪明、富有开拓精神。她和斯诺结了婚。在中国居住了 10 年。1941 年他们回到美国后分手。但他们仍各自尽毕生之力继续关心、支持和报道中国人民的解放和进步事业。

1934 年斯诺夫妇搬到北平，斯诺在燕京大学新闻系执教。萧乾是他的学生之一。海伦则入学选修了许多课程，正如海伦说的："这一年非常繁重的研究和学习，对我的思想是极其富有成效的。"更重要的是他们在这里和北平的一些进步学生领袖结下莫逆之交。当时北平的学生在中国共产党领导下，提出"停止内战一致对外""打倒日本帝国主义"的口号，得到全国人民的响应。我的老领导黄华、龚澎、龚普生，还有我爱人的表兄姚依林都曾和我谈起当时他们在斯诺夫妇家里秘密开会的情况。海伦帮他们翻译并对外分发请愿书，还帮学生争取其他西方记者的同情。在"一二·九"那天他们还跟着游行队伍采访拍照并及时对西方媒体报道，向国外传播中国人民抗日的呼声和情况。1936 年，海伦在斯诺的鼓励下途经西安要进入红区，但受阻未能成行。在西安海伦采访了要求抗日的张学良少帅并做了报道。那是西安事变前的 70 天。1937 年 4 月她又一次摆脱西安警察的监视，到达了彭德怀的红军总部。她在延安采访了四个月，和毛主席谈了好几次。友研会顾问余建亭当时任翻译，他告诉我，毛主席向海伦谈了中国革命的性质，介绍了中国共产党的抗日救国十大纲领。毛说，如果南京国民党政府肯接受这十大纲领，我们可以打败日本帝国主义，否则中国就要灭亡。海伦在访问期间采访了65位各方面的人士，搜集了34份自传。她写了《续西行漫记》，那是《西行漫记》的姐妹篇。她深有感触地在书的前言中写道："中国的几万万人掀起了革命，正是今天世界上最发人意兴的一大奇观。它成为国际上最重要的一场社会、政治斗争。对我来说，这是一次发现新事物的旅程——发现了一种新思想，一个新人物，正在地球上最古老最持恒的文明的中心所在，开辟着新天地。"

《西行漫记》和《续西行漫记》的问世轰动了中国和世界，激起了巨大的震动和反响，不少人从此走上革命的道路。我当年还是上海的一个中学生，也是从此知道了埃德加·斯诺和尼姆·威尔斯（海伦的笔名）。永生难忘。

1938年，海伦应好友龚普生的邀请，向上海青年学生作过有关她1937年继斯诺之后访问延安的报告。那次报告是在上海女青年会礼堂举行的。听众们全神贯注，简直是着了迷似的热烈鼓掌。普生说，尽管海伦不很习惯于演说，讲话时经常把脸转向一旁，但这次报告很成功。因为：一、海伦讲的和斯诺一样，是有关红军的第一手材料，外界很少知道，是独一无二的新闻；二、海伦是个西方记者，不涉及国内哪个党派，在一般人的心目中这样的人一定更客观，因此更有说服力；三、海伦又是个长得漂亮，穿着时髦的外国妇女，活像个美国电影明星，这更增加了她对听众的吸引力。

1940年底，海伦回到美国，在半个多世纪里继续勤奋笔耕，写了许多部介绍中国的书。20世纪70年代她又两度来华，旧地重游，写了《重返中国》介绍新中国的成就。她把毕生心血倾注于介绍中国的革命和建设事业。中华文学基金会为了表彰她为增进中美人民的了解与友谊所做出的杰出贡献，在 1991 年 8 月授予她“理解与友谊国际文学奖”，中国作协同中国国际友人研究会还为此在北京举行了庆祝会。

1992 年，我有幸见到这位才华横溢、有胆识和独立见解、勇于追求真理、有火一样的性格、热爱中国人民的女作家。

我的儿子驾着车陪我来到康涅狄格州麦迪逊市郊的一座古老木屋，我们沿着石板小道，穿过大树耸立、野草遍地的园子，踏上木板搭成的台阶，从后阳台进入海伦的木屋，海伦身材修长，满头白发，身穿天蓝色的服装，她精神矍铄、思维仍很敏捷、反应迅速、说话清晰，像连珠炮似的滔滔不绝。她见到我们十分高兴，热情、亲切地接待我们，和我们促膝谈心。她非常认真，边谈边在记事本上记下要办的事，不知不觉两个多小时就这样流逝了。

海伦是那样关心中国的一切，想念着她在中国的至交、老朋友们。当她读着我带去的黄华、龚普生、陆璀给她的信时，她眼中闪耀着无比喜悦和深情的光辉。她说，参加“一二・九”学生运动的这一代人是中国历史上“高尚和纯真”的一代人。他们在旧中国和现代化新中国之间架起了通向未来的桥梁，他们也在东西方之间建立了联系，她鼓励我要举起东西方联系的接力棒，努力工作，奋勇前进。她送给我一张她的照片，上面写着“您是那些沟通东西方之间最好的人中之一”。她认为这个事业在当前特别重要，因为中美关系被一些反华的叫嚣所损害，为了重建中美人民友谊，需要清除美国人民的误会，增加他们对中国的了解。她建议再版斯诺和她的一些原著和译文；建议出版一些美国朋友的传记，像耿丽淑、夏仁德等，出版他们的一些著作，像休・迪恩的《友谊和炮舰》等，她也认为现在更需要培养、发现新的斯诺——斯诺式的人物。

海伦火一样的性格不减当年，她说干就干，雷厉风行。我访问她之后，在美东海岸逗留了十来天，结果我接连不断地收到她寄来的信和邮件。她寄来《谈谈斯诺精神》一文，供我寄给北京纪念会发表，她寄来《阿里郎之歌》一书的作者序，那是国际友人丛书编委会正在翻译、准备出版的她的作品；她还寄来四五封写给北京老朋友们和我的信，她还送我一本她赶着复印出来的书稿——《不加修饰的来自中国的故事》，其中的一篇——《有鬼的屋子》，我送给《中国日报》周末报刊登了；她还寄来送给朱子奇的未正式出版过的《沟通之路》诗集的部分诗篇。原来海伦还是一位诗人，她的诗曾得过奖。后来朱子奇托人译出《友谊》《永恒》等诗刊登在《中国诗刊》上，这些诗表达了她对中国的深深怀念。她已是 84 岁的高龄，但她的动作却如此迅速，尽管打的错字很多，但效率之高，笔调之流畅，真使我惊叹不已。

海伦在美国几十年的生活道路是坎坷不平的。她长期生活清贫。我看到她那间 20 平方米的起居室，陈设简陋，集吃、睡、工作于一室。她的床旁放着一架旧式的打字机和一架电话机，桌上还摊着几个空的快餐盘子，唯一能使人回忆起海伦当年的风采的是一张挂在墙上的年青时的画像。起居室的外间，散放着一些花草，桌上放着海伦的骄傲——她获得的奖品——一尊黄杨木雕屈原吟诗像。我应她的要求，行前为她翻译了一篇我请郭心晖老师写的介绍屈原生平的资料。另有两间藏书室，一排排的书架上堆满了资料和她尚未出版的书稿的复印件。她独自一人住着，陪伴她的有一只大黑猫，还有常常光顾她的阳台上的三只小浣熊，那是海伦喂养的三个小伙伴。

在美国麦卡锡反共时期，海伦受到政治迫害。她写的 40 多部书不能出版。这次她又告诉我：由于 1989 年美国的反华逆流，原已按照她的《我在中国的岁月》一书拍摄的电影，也因此而停拍。但她并未因此而气馁。她心胸开阔、乐观豁达，她说："我写作不是为了出版商，而是为了中美两国年轻的一代。"她又说："我写书是希望他们能从我的一生经历中汲取到一些有益的东西。"

是的，我们从海伦身上感受和体会到一种极为难能可贵的精神，即不论国际风云和中美关系如何变幻，她对中国人民始终如一，忠贞不渝。1991 年，她给授奖庆祝会发来的致辞中说："在 20 世纪 30 年代，我目睹并报道了毛泽东、朱德、周恩来所领导的中国革命。40 多年来我一直关心着新中国的发展。中国改革开放所取得的伟大成就，令人兴奋。这无论对中国、对世界都是件大好事。"我认为她所以能不迷失方向，因为她能从本质上看问题。

1997 年 1 月，89 岁高龄的海伦在美逝世，我们在北京，海伦在美国的亲友分别为她召开了悼念会。2000 年 10 月我又出席了美杨伯翰大学召开的纪念海伦研讨会，更加深了我对她的了解和敬爱。海伦不愧是中国人民坚贞不渝的挚友。我们将永远怀念她！

袁吉六先生二三事

彭景星

周谷城副委员长在《毛主席的四位老师》① 一文中说："袁吉六先生是湖南保靖的一位举人，在第一师范教书多年，写得一手好字，做得一手好古文。毛主席在学生时代练就了一手好文章，他后来回忆说：'我能写古文，颇得于袁吉六先生。'袁先生讲课很有神气，但批分扣得太紧，毛主席对这位先生却有好评，这证明毛主席能看出老师之长……"

毛主席在1936年于延安同美国记者埃德加·斯诺的一次交谈中说："……学校里有一个国文教员，学生给他取了'袁大胡子'的绰号。他嘲笑我的作文，说是新闻记者的手笔。他看不起我视为楷模的梁启超，认为半通不通，我只得改变文风。我钻研韩愈的文章，学会了古文体。所以多亏袁大胡子，今天我在必要时仍然能够写出一篇过得去的文言文。"

两位领导人提到的袁吉六先生，榜名仲谦，生于1868年，湖南保靖县葫芦乡袁家坪场人。自幼矢志于学，勤学好问，及至后来学识渊

① 见《纵横》总第3期。

博，一生不入仕途，致力于教育事业，晚年居乡，悉心研究古典文学和古文字，著作甚多。袁先生于1932年与世长辞，享年65岁，安葬于湖南隆回县高坪区罗洪乡白莲村。毛主席为怀念良师的教益，于1952年亲自署名题写了“袁吉六先生之墓”几个大字。

袁吉六先生的父亲袁家绩，是湖南保靖县光绪甲午科秀才，母亲早逝。先生幼年随父攻读经书，研习诗文，19岁时，经保靖县堂朗乡大岩村石云庭先生介绍，到古丈县城与姐丈许介眉同在许光治处受业。1897年，袁先生参加乡试，中保靖丁酉科举人。据葫芦寨当地老人回忆：吉六攻读刻苦，夏夜独在庭院读书，背上蚊虫叮咬，不知痛痒，读到深夜不知疲倦。他关心梓里读书风气，常在夜间登上葫芦寨的后山猫儿洞，俯瞰场上灯火，一听到琅琅的读书声，就喜形于色，若听到嘈杂的喧闹声，则长吁叹息。

治学严谨

袁先生一生，勤学不厌，诲人不倦。他在《异同篇》中说：“人而不学，良玉不琢；学而不变，良玉不炼。变之不善，为器之顽；善变日彰，如圭如璋。”他读书注重口诵心维，曾在《读书有感》中写道：“登高观天，六合无碍；坐于井中，所见不大；逢人问路，不失跬步；冥然而行，举足便误。”

袁吉六先生工诗善书法，但不强作诗，每年只作几首，最多只作十几首；高兴时即作，一字一韵，莫不尽心。过时看之，若不妥当，又改之，如此再三，先生方才罢休。至今，他的有些诗还在葫芦寨乡民口头流传。

袁先生喜欢平原书法，爱摹数十年从不间断，世人评说与颜字真迹难分。一次，同村农民买来一个斗笠，请袁先生写上名字。时隔半年，这位农民去衡山做生意，一个读书人见他斗笠上的字写得好，十分爱慕，用几倍的价钱买去了这个斗笠。这位农民回家后，又买了五个斗笠要求写字，袁不解其意，又一一写好。这位农民再去衡山做买卖，这些写字的斗笠又被人用好价钱买去。当这个农民第三次送来斗笠写字时，袁才明白底里。

不畏权势

袁吉六先生秉性刚正，性情爽直，不畏权势。一次，清朝一个道台出巡，夜宿葫芦寨袁家老屋隔壁。夜间，猪在圈内呼叫，使得这位道台不能入眠，于是，道台的手下人把猪赶了出去。袁对此很是反感，便在房中高声朗诵诗文，有意使道台不能安睡。次日早晨，道台找袁吉六询问究竟，并出联叫袁答对，对得上，不加责备；否则，要给予惩罚。道台见他少年英俊，身着蓝衫，顺口出一上联说："小学生蓝衫扫地"，袁从容答道："老大人红顶冲天。"道台一听，认为对得不错，奖书一本。

1899 年，湖南保靖县城的黄海楼罢官回籍。黄曾经当过四川布政使，有钱有势，回乡后，常常设置酒筵，交结乡宦。一些官绅趋炎附势，召之即去。黄海楼多次柬请袁吉六赴宴，都被托词拒绝。一次，黄海楼企图扩修自己的花园，欲以高价收买傅公祠。袁得知此事后，写首打油诗贴在黄家门口。诗云："远看一座庙，近看无神道；有朝要发卖，穷嫌富不要。"后来，黄海楼知道此诗系袁所作，行为有所检点。

保靖县葫芦寨上，是个苗、汉、土家族聚居的圩场。每逢场期，人群拥挤，轿马通行不便。袁吉六商同乡民专门针对有财有势人家订立乡规：圩场上不准骑马坐轿，否则，砍断轿杆、马脚。一次，有个武举人在圩场上坐轿，乡民按照乡规砍断了这个武举人的轿杆。葫芦场上的老年人，至今讲起此事，仍然津津乐道。

致力教育

1912 年，袁吉六携眷迁居新化，次年春季在湖南省第四师范学校（后并入一师）任国文教师。当时，该校春季始业的学生合编一级，毛泽东先编在预科三班，后来转入本科一部八班。袁先生是第八班的国文教师，对毛泽东十分器重，尤其赞赏他的文采，经常找他谈话，并介绍他选读古典文学作品。袁爱惜自己的藏书，从不出借，唯独乐意借给毛泽东阅读。

袁先生教学认真，对学生要求极严，很有爱国思想。1915 年上学期，第一师范的学生反对当局增收学杂费，发生了驱逐校长张干的罢课运动。这次斗争中，毛泽东起草了一份反对张干的传单。事后，张干要挂牌开除毛泽东的学籍，袁吉六先生极力反对，并多次对人说："挽天下危亡者，必斯人也。"后来，在杨昌济、徐特立、方维夏、王季范和袁吉六等再三坚持下，张干才被迫把开除学籍之事作罢。

以后，袁吉六在湖南高等学校讲授古典文学。他以讲解精辟，治学有力，深受社会和师生的爱戴，称誉他桃李满天下。

1916 年夏，谭延闿任湖南省长兼督军，请袁先生出任省府机要秘书，袁以年迈体弱相辞。不久，谭延闿又出任行政院长，再次邀请袁任国史馆总编修，也被先生推脱。袁先生曾在《桃源舟次》诗中说："莫问仙津路，推篷望晚晴。岸高新涨退，山尽大江平。堤树别来长，水禽飞且鸣。途穷归棹早，翻幸我无成。"以未入仕途，感到幸运。

袁先生靠教书薪资生活，两袖清风。平日只买书籍，不置田产。葫芦寨上的老屋，1940 年因水田乡长余化南的部下失火，付之一炬，楼上几大柜藏书，化为灰烬。

教天下英才

1964年冬，毛主席在中南海请郭沫若、周世钊、章士钊等做客，用辣椒炒肉、豆豉辣椒蒸鱼等家乡菜，招待客人。席间，大家谈起第一师范的袁吉六老师时，章士钊先生说："此老通古今文史。"郭老接着说："斯人教天下英才。"毛主席听了笑着说："英才过誉，但'教天下'则符合袁老身份。"饭后，毛主席请周世钊带人民币400元，给袁先生的夫人戴长贞作营养费，以表他对先生家属的关切。1980年，袁吉六先生的儿子袁诚，将章老和郭老的讲话，各取后面的五个字，即："通古今文史，教天下英才"，刻石为联，立在袁先生墓碑两侧，永志纪念。